단짠단짠 세계사

문명과 경제로 읽는
음식 이야기

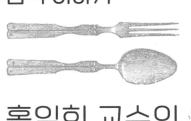

홍익희 교수의

단짠단짠

세계사

홍익희 지음

세종

먹고사니즘이 역사를 만든다

나는 역마살을 타고 태어났다. KOTRA에서 32년을 근무하면서 국내와 해외를 순환 근무했다. 중남미, 유럽, 미국 등 해외 7개국에서 18년을 살았고, 출장과 휴가 등으로 방문한 나라를 세어보니 40개국이 넘는다.

그러다 보니 세계를 돌아다니면서 온갖 새로운 음식들을 경험했다. 처음에는 그냥 새로운 맛과 향을 즐기는 정도였지만, 시간이 지나고 현지인들과 만남이 늘어나면서 하나둘 음식마다 애환이 있음을 알게 되었다. 관심을 가지고 들여다보니 그중에는 심지어 세계사를 뒤흔든 음식도 있지 않은가. 이렇게 음식이 갖는 시대사적 의미들이 차츰 눈에 들어오기 시작했다.

문명사와 세계사는 늘 그럴듯한 명분으로 치장된다. 승자의 관점에서 쓰인 내용이기 때문이다. 하지만 곰곰이 들여다보니 역사의 본질은 '먹고사니즘'이었다. 인간은 식량을 위해 다투고, 식량을 위해 교류했다. 역사는 결국 '무엇을 먹을 것인가'라는 인류의 고민이 만들어 낸 이야기였다.

이런 생각을 하면서 지내던 어느 날 내가 만난 음식들의 역사적 의미를 정리하고 싶다는 욕구가 생겼다. 선사시대부터 현대까지 음식은 어떻게 역사를 바꾸어 왔고, 또 바꾸고 있을까? 매일 먹는 음식에는 어떤 숨겨진 역사가 있을까? 《단짠단짠 세계사》는 이렇게 탄생했다.

지금 이 순간에도 음식에는 역사적 변화가 생겨나고 있다. 떠올려보면 1980년대에만 해도 대한민국 수산물 중 좋은 것은 전량 일본으로 수출했다. 한 푼이라도 벌려고 악착같이 내보내는 바람에 우리 국민은 좋은 수산물을 구경도 못 하는 경우가 많았다. 1990년대 내가 마드리드무역관에서 근무할 때, 1인당 세계 1위 수산물 소비국은 일본이었고 2위가 스페인이었다. 나는 온갖 해산물들을 풍부하게 먹는 스페인 사람들을 보며 내심 부러워했다. 하지만 지금 1인당 수산물 세계 1위 소비국은 대한

민국이다. 나라가 발전하면서 먹거리의 질이 높아진 것이다. UN이 향후 세계 최고 장수국으로 한국을 지목하는 이유 중 하나이다.

코로나 19는 세계의 외식문화를 아예 바꾸어 놓았다. 외식 대신 배달 음식이 비약적으로 발전했다. 인건비가 비싸 음식 배달문화가 발달하기 힘든 미국 같은 경우도 빠른 속도로 배달문화가 정착되었다. 심지어 로봇과 드론을 이용한 배달로 한국보다 앞서나가기 시작했다. 이렇게 발전한 기술은 또 어떤 역사적 변화를 만들 수 있을까?

2022년 2월 러시아와 우크라이나의 전쟁으로 인류는 식량 위기라는 위협과 마주하고 있다. 러시아와 우크라이나는 전 세계 밀의 약 1/3을 생산한다. 전쟁 전 우크라이나는 매달 작물 450만t을 수출했는데, 전쟁이 시작되면서 항구가 모두 폐쇄되어 수출 길이 막혔다. 이에 더해 밀 생산국인 인도마저 밀 수출을 금지하면서 국제 곡물가는 폭등했고, UN은 향후 몇 달 안에 세계적인 식량 위기가 발생할 수 있다고 경고했다. 인플레이션이 우려되는 가운데 식량 위기까지 들이닥친 것이다. 이제 세계는 머리를 맞대고 해결책을 찾아야 한다.

지금 이 순간도 세계의 많은 사람이 '있다 뭐 먹지? 좀 새로운 거 없나?' 하고 고민하고 있을 것이다. 이 단순한 질문에서 생겨난 사건들을 역사적으로 들여다보자. 이 책을 편 독자들에게《단짠단짠 세계사》가 즐거운 만찬으로 여겨졌으면 하는 바람이다.

◆ CONTENTS ◆

Ⅳ 근대 : 경제 발전을 이끈 음식 이야기

지구 생물이 거의 전멸한 빙하기에 절멸해가던
호모사피엔스를 살린 먹거리는 홍합이다. 아프
리카 해안에서 드물게 홍합이 많았던 이곳에 도
착했던 인류는 대단한 행운이었다. 해안가 동굴
과 갯벌이 빙하기의 호모사피엔스를 멸종으로
부터 구해준 것이다.

선사시대
: 인류를 살린
먹거리 이야기

초기 인류를 살린
먹거리 이야기

보티첼리_비너스의 탄생

사랑과 미의 여신이 푸른 바다 거품에서 태어난 순간을 그린 그림이다. 비너스 탄생을 그린 그림, 조각품에는 유독 조가비와 함께 있는 경우가 많다. 기독교에서도 조가비는 부활을 상징하는데 이렇듯 탄생과 부활에 조가비를 빗댄 일은 단순히 우연일까? 어쩌면 빙하기로 멸종에 직면한 인류가 홍합으로 살아남은 기억에서 발현된 상징은 아닐까?

인류를 멸망에서 구한
홍합

인류에게 멸망이 닥치다

7만 4,000년 전, 인도네시아 수마트라섬의 토바 화산이 지구 역사상 가장 큰 폭발을 일으켰다. 폭발의 후유증 또한 지독했는데 화산 폭발 때 분출한 회색 먼지가 무려 10개월 동안 하늘을 뒤덮어 햇빛이 차단되었다. 이로 인해 북반구의 전체 식물 3/4이 사라졌고 이를 먹이로 삼는 초식동물들 역시 하나둘 굶어 죽어갔다. 호모사피엔스도 멸종위기에 직면할 처지에 놓였다.

화산 폭발이 어떻게 빙하기의 원인이 되는 걸까? 화산이 폭발할 때 함께 분출한 이산화황은 대기 중의 수증기와 결합해 황산염 결정이 된다. 이 결정은 지구로 향하는 태양광선을 반사해 햇빛이 지표에 닿지 못하게 만든다. 그렇게 지구의 열 순환 체계는 먹통이 되는 것이다.

빙하기에 얼마나 많은 수의 호모사피엔스가 죽었을까? 그 수는 정확히 알 수 없지만 몇 명이 살아남았는지는 어느정도 밝혀낼 수 있다고 한다. 연구자들은 현대 인류의 유전자에 남아있는 병목 효과를 연구해 당시에 살아남은 호모사피엔스 수가 600~3,000여 명에 불과하며, 그 결과 지금의 인간들 간에는 유전적 차이가 극히 적다고 밝혀냈다. 이는 오래전에 인구가 급격히 줄어들었다 다시 폭발적으로 증가한 결과라는 것이다. 미국 애리조나주립대 인류기원연구소 연구진은 살아남은 호모사피엔스들은 토바 화산과 멀리 떨어진 남아프리카 일부 해안에 있었다는 것도 알아냈다.

홍합과 해조류가 호모사피엔스를 구하다

혹독한 빙하기의 지구에서 호모사피엔스가 지금껏 살아남을 수 있었던 이유는 해안가의 갯벌 덕분이었다. 갯벌이 그들에게 굴과 조개류 등의 먹거리는 물론, 해조류를 통해 생존에 필요한 소금도 제공해주었기 때문이다.

이를 증명하는 유적은 남아프리카 해안 브롬보스 동굴과 피너클 포인트 동굴 등의 조개더미(패총)이다. 패총에는 홍합, 바다달팽이, 바다 고둥 등 조개류와 갑각류 잔해들이 무더기로 발견되었다. 특히 이 동굴에서 발견된 유물을 살펴보았더니 빙하기에 절멸해가던 호모사피엔스를 살린 대표적인 먹거리는 홍합임이 증명되었다. 홍합이야말로 그 시대의 슈

퍼히어로라 하겠다.

아프리카 해안에서 조개류가 풍부한 곳은 매우 드물어 홍합이 풍부한 그 갯벌에 도착한 인류는 대단한 행운을 얻은 셈이다. 게다가 그곳 바다 밑에는 다시마 숲이 있어, 그들은 다시마 등 해조류로 먹거리를 보충하고 소금을 섭취했다. 그리고 때때로 갑각류와 문어 등 연체동물 그리고 물개 같은 해양 포유류를 잡아먹는 행운도 덤으로 누렸다.

결국 아프리카 해안가 동굴과 갯벌은 춥고 오갈 데 없는 빙하기의 호모사피엔스를 재우고 먹인, 멸종으로부터 구해준 안식처이자 젖줄인 셈이다. 현생인류는 곧 이들의 자손이기도 하다.[1]

세계의 홍합 요리

▎깊고 진한 맛으로 사랑받는 홍합찜

　홍합은 따로 조미료를 넣지 않아도 맛이 깊고 진하며, 요리법 또한 간편하다는 장점이 있다. 홍합은 인류를 살려냈을 뿐만 아니라, 지금도 전 세계 사람들에게 친근하고 꾸준히 사랑받는 음식이다.

　그래서일까? 날씨가 쌀쌀해지면 우리가 따끈한 홍합탕을 즐겨 먹듯 유럽인들도 홍합찜이나 홍합스튜를 즐겨 먹곤 한다. 나 역시 해외 출장을 다니며 여러 나라의 다양한 홍합 요리를 먹어볼 기회가 많았는데 그중에서도 가장 맛있는 홍합요리를 꼽으라고 한다면 프랑스의 동남부 지중해의 항구 도시, 니스의 뒷골목 시장에서 먹어본 홍합찜과 부야베스 Bouillabaisse가 단연 최고라 말할 수 있다.

유럽의 지중해 연안 국가 사람들 대부분은 홍합 요리를 즐겨 먹곤 한다. 특히 프랑스 사람들이 즐겨 먹는 요리가 홍합찜이다. 프랑스의 홍합찜은 홍합에 양파, 파슬리, 마늘 등의 채소와 올리브유 그리고 화이트 와인을 넣어 국물을 자작하게 끓여내고 그 국물에 빵을 함께 찍어 먹는다.

서민 음식에서 고급 요리가 된 부야베스

부야베스는 프랑스 남부의 항구 도시, 마르세유의 어부들이 즐겨 먹던 음식으로, 팔다 남은 생선으로 만든 것이 시작이다. 그 시작에서 알 수 있듯 부야베스는 종류 불문하고 다양한 해산물은 물론 감자와 토마토 등을 넣어 끓였던 서민 음식인 셈이다.

이런 서민 음식인 부야베스는 이후 신선하고 값비싼 생선과 해산물들을 사용함으로써 지중해 연안 도시의 고급 레스토랑의 고급 음식으로 발전해왔다. 오늘날의 부야베스는 중국의 제비집 수프, 태국의 톰양꿍과 더불어 세계 3대 수프 중 하나로 꼽힐 만큼 유명해졌다.

부야베스는 다양한 종류의 생선과 조개류, 채소류 그리고 다양한 향신료 등을 넣어 조리하는데 해산물의 신선함이 가장 중시된다. 그래서 부야베스는 레스토랑에서 손님이 주문하자마자 바로바로 익혀 내어놓는 것을 원칙으로 한다.

부야베스에 들어가는 생선과 조개류는 매우 다양하다. 보통은 홍합, 바지

▌ 부야베스

락조개, 새우, 꽃게, 오징어, 대구, 붕장어, 숭어 등을 통째로 넣는다. 과거에
는 육수를 내기 위해 바닷물로 부야베스를 요리했으나 지금은 채소류나 향신
료를 데쳐서 우려낸 육수를 사용해 만든다. 그렇게 만든 육수에 토마토, 고추,
마늘, 양파 등의 채소류를 넣고 허브, 마늘, 오렌지 껍질, 월계수 잎, 바질 등의
향신료를 넣는다. 그런 뒤 토마토 소스, 소금으로 간을 한 후 끓여낸다. 끓여
낸 부야베스 국물에 바게트를 곁들여 함께 찍어먹기도 한다.

조개와 마늘의 기막힌 만남, 알메하스 알 아히요

'알메하스 알 아히요 Almejas al Ajllo'. 우리 가족이 파나마에 살 때 가장 맛있게

먹었던 요리다. 알메하스 Almejas는 스페인어로 조개라는 뜻인데, 보통은 바지락조개나 모시조개를 지칭하고, 아히요 Ajllo는 마늘을 뜻한다. 사진은 내가 기억을 되살려 집에서 만든 것인데, 아이들은 빵에 국물을 찍어 싹싹 긁어 먹었다.

레시피도 어렵지 않다. 외국요리치고는 마늘이 많이 들어가는 게 포인트다. 마늘, 양파, 토마토, 피망을 잘게 썰어 올리브유에 볶다가 바지락조개 넣고 버터 한 스푼과 화이트 와인을 적당히 붓고, 소금과 후추로 간을 하면 된다. 가족이 파나마시티 인근의 작은 섬에서 시원한 맥주와 함께 맛보았던 알메하스의 황홀한 맛은 20여 년이 지난 지금까지도 생생히 느껴질 정도이다.

여기서 팁 하나. 미리 파스타를 삶아 그 위에 알메하스를 얹어 먹으면 봉골레 파스타가 된다. 먹고 남은 국물에 면을 넣으면 알리오 올리오보다 더 맛있는 스파게티가 탄생한다. 식전주와 함께 시작했던 알메하스가 훌륭한 코스 요리가 되는 것이다.

초기 인류의 생명줄,
갯벌

갯벌의 3가지 종류

알다시피 인류 4대 문명은 모두 강 하류에서 발전해왔다. 그곳에 갯벌이 있다면 더 많은 사람이 몰려들곤 했는데 그 이유는 무엇일까? 소금은 인간 생존에 없어서는 안 될 필수불가결한 물질로 인류 4대 문명 발생지도 소금 획득이 가능한 곳이었다. 그런데 갯벌에는 수많은 생물종들이 모여 살아 농사 외에도 먹거리를 위한 해산물은 물론 소금도 채취할 수 있었다. 따라서 많은 사람이 몰려들었고, 문명이 발전할 수 있었던 것이다.

북해연안의 갯벌, 아메리카 대륙의 3개 갯벌, 그리고 우리나라의 서해 갯벌은 세계 5대 갯벌로 불린다. 그중 서해갯벌은 가장 크고 다양한 생물종으로 유명하다.

갯벌에는 펄갯벌, 혼합갯벌, 모래갯벌 3가지 종류가 있다. 우선 썰물이

▌**세계 5대 갯벌**

빠져나가면 육지 부근에 고운 진흙으로 이루어진 펄갯벌이 펼쳐진다. 그 다음에는 진흙과 모래의 혼합갯벌, 바닷가에는 모래갯벌이 나타난다. 이는 조수간만의 차이가 클 때 나타나는 특이한 형태로, 조수간만의 차가 크지 않은 대부분의 다른나라 바닷가에는 모래갯벌 또는 모래톱만 존재하는 경우가 대부분이다. 서해갯벌의 경우에는 이 3가지 종류의 갯벌 모두가 발달되어 있다. 서식 생물은 650종으로 북해 모래갯벌의 1.6배에 달한다.

　서해갯벌은 면적이 여의도 1,000배에 달하며, 전체 국토 대비 2.5% 이상이다. 조개류, 낙지 같은 연체동물 200여 종, 게 등의 갑각류 250여 종, 숭어 등 어류 약 200여 종 등 다양한 생물이 살고 있다. 초기 인류가 살아남을 수 있었던 이유도 갯벌에 사는 조개류 등의 먹거리와 해조류 등의 염생식물 덕분이다.

해조류를 비롯해 굴, 게, 조개, 낙지, 갯지렁이 등의 연체동물들은 바닷가의 바위나 돌멩이에 붙어 살거나, 진흙의 갯벌 속에서 숨어 살지만 숨을 쉬기 위해 갯벌 위로 구멍을 내기 때문에 채취하기가 쉬웠다.

함초를 비롯한 짠맛을 내는 염생식물들은 구하기 힘든 소금을 대신할 수 있어, 사람들은 채취에 열을 올렸을 것이다. 게다가 대륙붕에는 고기도 많이 잡혀 어업도 발달할 수 있었다. 이 모든 이유로 강 하구 갯벌에 사람들이 몰려들어 살면서 문명이 발달했다.

평원이 바다로 바뀌다

약 2만 년 전부터 1만 2,000년 전까지 빙하기의 우리나라 주변 해수면은 지금보다 120m나 더 낮았다. 한국, 중국, 일본은 하나의 대륙으로 붙어 있었고, 당시 서해는 해발 약 80m의 육지였다. 황하강과 양자강 그리고 압록강과 한강은 그 시절 세계에서 가장 큰 강으로, 서해평원에서 합류해 바다로 흘러내려 갔다.

그 주변은 사냥하기 좋은 드넓은 초목지대였으며, 서해평원에서 인류 최초의 문명이 꽃피웠을 가능성도 제기되고 있다. 실제로 1만 3,000년 전 인류 최초의 토기는 한반도(제주도 고산리), 일본 열도, 연해주 이 세 지역에서만 발견된다고 한다.

그 무렵 북반구 육지 30%는 얼음으로 뒤덮여 있었다. 특히 북위 60도 이북 지역은 약 3,000m의 두꺼운 얼음으로 덮여 있었는데 빙하기가 끝난 1만 2,000년 전부터 그 많은 빙하들이 서서히 녹아내리기 시작했다. 그렇게 녹아내린 빙하로 인해 해수면은 차츰차츰 올라갔는데 기온 상승이 가장 심했던 100년 동안에는 1년에 무려 5cm씩 해수면이 높아질 정도였다. 8,000년 전쯤에는 육지였던 서해평원이 지금과 같이 바다로 바뀌어 버린 것이다.

그런 역사로 서해는 평균 수심이 44m에 불과한, 세계에서 가장 낮은 바다이다. 참고로 서해 위쪽으로 중국 텐진에 인접한 발해만 연안 수심은 서해바다보다 더 낮은, 평균수심 22m로 대양에 접한 바다로는 세계에서 수심이 가장 낮다.

고대인의 쓰레기장, 패총

그렇다면 서해갯벌에 사람들이 모여 살았던 흔적은 어떻게 찾을 수 있을까? 답은 패총에 있다. 특히 우리나라 서해와 남해는 플랑크톤이 풍부해 조개가 성장하기 적합한 생태조건을 갖추었던 까닭에 약 700개가 넘는 패총이 밀집되어 발견되고 있다.

패총에서는 당시 사람들이 먹고 버린 다양한 종류의 조개껍데기, 물고기와 짐승 뼈는 물론 그들이 사용한 도구 등도 발견할 수 있다. 고대 사람들의 쓰레기장인 패총을 통해 현재의 우리가 그들의 생활상을 엿볼 수 있는 것이다. 어찌 보면 패총은 갯벌에 터전을 잡고 살아간 초기 인류의 역사가 쌓인 보물이기도 하다.

그래서일까? 인류의 마지막을 다룬 영화나 소설의 끝에서 생존자들은 바다나 섬으로 모여드는 일이 드물지 않다. 이는 우리 호모사피엔스의 무의식 속에 빙하기에서 살아남은 기억이 있어서가 아닐까?

바다의 값비싼 우유, 굴

굴은 갯벌에서 하루에 6~7ℓ의 물을 빨아들이고 뿜어내며 영양분을 섭취한다. 유럽은 우리나라와 달리 갯벌을 가진 나라가 거의 없다시피 해 굴 양식이 어렵고 가격이 비쌀 수밖에 없다.

그런 이유로 외국에 나가 보면 무척이나 비싼 굴 가격에 놀라곤 한다. 유럽의 경우 새벽 수산시장에서 갓 잡은 키프로스산 굴 하나가 1~2유로로, 비싼 건

4~5유로까지도 한다.

이렇다 보니 유럽의 고급 레스토랑에서 굴은 최고급 요리이다. 해산물을 생으로는 잘 먹지 않는 서양 사람들도 굴만은 생으로 먹는 것을 즐긴다. 보통 레몬즙을 뿌려 바로 먹는 식이다.

생굴 천국, 한국

반면 우리나라에서는 세계 어느 나라보다 굴을 가장 싸게 먹을 수 있다. 굴을 개수가 아닌 kg 단위로, 그것도 1만 원이 안 되는 가격으로 맘껏 먹는 나라는 없다. 그래서 세계에서 굴 먹기 가장 좋은 나라는 우리나라다.

굴 생산은 우리나라가 중국에 이어 세계 2위이다. 중국 사람들은 생굴을 즐기지 않고 채취한 굴을 말리거나 삶고, 볶아 먹는다. 하지만 최근에는 중국인들도 생굴 맛을 즐기기 시작해 우리나라에서 생굴을 수입해 가고 있다.

굴은 1년에 한 겹씩 껍질이 늘어나 나이를 알 수 있는데 보통 우리가 먹을 만한 크기의 굴은 4~5년생이다. 햇빛을 받으면 굴 껍데기 끝의 새로 돋아난 연한 부분이 밝게 빛나는데 이 모습이 마치 꽃봉오리처럼 보인다 해서 돌꽃, 즉 석화로 불린다.

갯바위 위에서 자라는 석화는 하루에 두 번씩 왔다 갔다 하는 밀물과 썰물이 키워내, 바닷물에 푹 담가놓고 기르는 수하식 굴보다 성장이 느리고 모양이 작고 단단한 편이다. 미식가라 자부하는 사람이라면 아마도 이 미묘한 맛의 차이를 느낄 수도 있겠다.

생굴 맛있고 안전하게 먹는 법

생굴을 맛있게 먹으려면 가능하면 굴을 소금물로 씻어야 한다. 겉모습이 지저분해 보인다고 해서 수돗물로 굴을 씻으면 맛과 영양이 떨어지게 된다. 뻘이 잘 토해진 굴을 샀다면 굳이 씻어내지 않아도 먹을 수 있다.

굴의 제철은 가을부터 겨울 동안으로 9월 중순 이후부터 이듬해 4월까지이다. 수온이 2~5도가 되는 5월부터 8월까지는 성숙한 굴의 산란기로, 이 시기의 굴은 먹지 않아야 한다. 해수 온도가 일정 수온 이상이 되면 굴에서 마비성 패독貝毒이 발생하는데 이런 굴은 마치 싹이 난 감자를 먹었을 때처럼 아린 맛이 나, 다량 섭취할 경우 호흡곤란 혹은 사망할 수도 있기 때문이다.

예로부터 동양에서는 보리 꽃이 피는 4월 이후인 산란기 5~8월에는 굴에 독성이 있다는 것을 알고 '보리가 피면 굴을 먹어선 안 된다'고 했다. 서양에서도 알파벳 R이 들어가지 않은 달인 5~8월, 이 4개월 동안에는 굴을 먹어서는 안 된다는 말이 있다.

채취 시대의 주역,
콩

콩 따러 가세

　인류 역사를 250만 년이라 할 때 249만 년 동안 수렵채취 생활을 해 왔으니 인류사의 99.9%는 먹을 것을 찾아 돌아다닌 과정이라 말할 수 있겠다. 처음 두 발로 걷기 시작했던 호모에렉투스는 먹을 것을 구하려 노력하는 과정에서 호모 사피엔스로 진화했다.

　인류학자들에 의하면 채취 행위가 수렵 활동보다 앞선다고 하는데, 《먹거리의 역사》를 쓴 마귈론 투생 사마는 여러 종류의 야생 채소를 채취한 인류가 가장 선호했던 식물은 콩이라고 한다.

　왜 콩이 인류 역사에서 중요한 작물이 되었을까? 단백질은 인체를 구성하는 핵심 성분인데, 콩은 구성성분의 40%가 단백질이기 때문이다. 신석기 혁명이 가능했던 것도 구석기 시대에 고기를 불에 구워먹음으로써 그 영양분 덕분에 지능이 발달해 다양한 도구를 활용할 수 있어서이다.

신석기 혁명인 농경의 시작으로 인간은 식량을 생산하는 주체가 되었는데, 이때 채취를 위주로 생활한 인류는 평야에서 농경을 하고, 수렵을 위주로 생활한 인류는 초원에서 목축을 하는 유목민족이 되었다는 것이다.

하지만 한반도와 만주 남부 지역은 국토의 70%이상이 산악 지대로 형성되어 있던 탓에 초원이 귀해 목축을 하며 살아가기에 어려웠다. 그래서 그곳 사람들은 주로 사냥을 하거나, 적은 수의 가축들을 키워 육류를 마련했으므로 식용 고기가 귀할 수밖에 없었다. 이러할 때 식용 고기를 대체한 콩은 오랫동안 한반도에 살던 인류에게 부족한 단백질을 책임져온 고마운 작물이다.

특히 쌀에는 없는 염기성 아미노산의 일종인 라이신이 대두에는 풍부하게 함유되어 있어 쌀과 대두를 함께 섭취하는 것이 필수적이다. 그런 의미에서 밥에 된장국을 곁들이는 전통 상차림은 영양학적으로도 훌륭하다.

결국 한반도에서는 5,000년 전부터 오늘날까지 목축이 발달하지 못했음에도 콩 덕분에 단백질 결핍에 시달리지 않아 이주하지 않고도 살게 된 것이다. 이쯤 되면 한반도를 지킨 것이 콩이라고 봐야 하지 않을까?

콩의 원산지를 찾아서

오늘날 농학에서는 콩(대두)의 원산지를 한반도와 만주 남부로 보고 있다. 북한의 회령 오동 유적지에서 기원전 1,300년경의 청동기 유물과 함께 콩, 팥, 기장이 출토되어 이를 증명한다.

대두는 노란 콩(백태)으로 된장의 원료인 메주를 만드는 데 사용돼 메주콩이라고 부르며, 두부를 만들 때도 이 콩을 주로 사용해 두부콩이라고도 부른다.

1920년대 미국은 세계 식량종자 확보를 위해 세계 각지의 야생작물 채취에 나섰다. 그들은 3개월 동안 한반도에서 머물면서 전 세계 야생 콩 종자의 절반이 넘는 무려 3,379종의 야생 콩을 채취했다.

식물의 원산지를 추정할 때는 변이종의 다양성이 그 기준이 된다. 다양한 야생 콩이 한반도 곳곳에서 발견되었다는 것은 한반도가 콩 원산지임을 증명한다는 것과 같다.

대두는 1739년 프랑스 파리식물원에서 처음 재배되며 서양에 처음 알려졌다. 이후 독일에서는 1789년에, 영국에서는 1790년에 콩이 재배되며 세계 전역으로 퍼져나가 다양한 음식으로 개발되었다.[2]

우리나라와 중국은 1960년대까지만 해도 세계 콩 생산국 1, 2위를 두고 다투었지만 지금은 미국과 브라질, 아르헨티나가 세계 1, 2, 3위를 차지하고 있고 우리나라와 중국은 오히려 대표적인 콩 수입국으로 전락했다.

현재 미국에서 생산하는 대두의 90%는 아시아에서 채집한 종자 35가지를 개량한 것인데 이 중 6가지 품종은 한반도에서 채집한 종자이다. 이와 별도로 미국 농무부는 1947년까지 우리나라에서 콩 1만 개의 유전자형을 수집해갔는데 이는 미국이 동아시아에서 수집한 콩 종자 가운데 74%에 달할 정도로 그 양이 압도적으로 많다.

강낭콩은 콩과작물 가운데 유일하게 남아메리카가 원산지로 알려져 있으며, 나머지 콩과식물은 아시아와 유럽이 원산지이다.

발효식품, 된장과 간장

고조선의 콩은 제나라를 통해 중국으로 전해졌다. 전한前漢 시대의 사마천이 집필한 《사기史記》에서 "제齊는 북으로 산융을 정벌하고 고죽국 지역까지 갔다가 융숙戎菽을 얻어 돌아왔다"는 기록이 있다. 융숙이 바로 콩(대두)이다. 기원전 623년의 일이다.

오랜 역사만큼이나 우리나라에서는 콩 요리가 다양하게 발달했다. 우리 조상들은 콩으로 메주를 담가 된장, 간장을 만들어 먹었다. 장은 우리 고유의 발효식품으로 콩 단백질이 분해되어 특유의 향기와 감칠맛으로 음식을 맛있게 만드는 기초식품이다. 육류 섭취가 부족했던 우리나라 전통 식생활에서 장은 단백질 공급원으로서의 그 역할을 톡톡히 해냈다.

한국 문헌에 처음 두부가 등장한 때는 고려 말기 이색의 《목은집牧隱集》이다. "나물죽도 오래 먹으니 맛이 없는데, 두부가 새로운 맛을 돋우어 주어 늙은 몸이 양생하기 더없이 좋다."라는 구절이 나온다.

지력을 살려내는 콩

숙맥菽麥은 콩과 보리를 뜻하는데, 이는 가장 중요한 양식인 콩과 보리조차 구분하지 못하는 바보라는 뜻이다. 대두는 예부터 중요하게 취급됐는데 한자 두荳에도 뿌리를 나타내는 두 획을 표시했다고 전해진다. 대두의 뿌리가 땅을 기름지게 해준다고 알려졌기 때문에 특별히 강조한 것이다.

실제로 콩의 뿌리는 땅뿐만 아니라 주변 작물에도 도움을 준다. 콩에 서식하는 뿌리혹박테리아는 자체적으로 질소화합물을 합성하기 때문에 따로 비료를 줄 필요가 없고 다른 작물에게도 도움이 된다. 그래서 옛부터 오래 농사를 지어 지력이 고갈된 토양이나 유휴지에 콩을 심어 고갈된 지력地力을 살려내는 데 사용했다.

이처럼 콩은 영양이 풍부해 한반도에 터를 내리고 살아갈 수 있는 후원자 역할을 하고 다른 작물의 농사도 도와준 고마운 작물이다.

수렵의 역사,
사슴고기

소통으로 사냥하다

인류는 먹거리를 찾는 단순한 채취 생활에서 적극적인 사냥을 하는 수렵채취 생활로 발전해왔다. 초기 인류는 두 발로 서서 돌을 던져 큰 동물을 잡는 수렵 방법을 먼저 익혀나갔다. 50만 년 전 동북아시아의 베이징 원인이 불을 발견해 사용함으로서 인류는 비로소 야생동물보다 우위에 설 수 있었다. 그들은 주로 사슴 등을 구렁텅이나 낭떠러지로 몰아 사냥하기도 했다.

기원전 7만 5,000년 경 호모사피엔스가 등장한다. 그들이 혹독한 빙하기에도 살아남을 수 있었던 이유는 추위와 비바람을 피할 수 있는 동굴 속 집단생활과 불의 힘 때문이었다. 그뿐만 아니라 그들은 먹고 남은 음식을 저장하는 기술을 가지고 있었으며 필요한 물건을 집단끼리 교환할 줄도 알았다.

초기 인류는 추위와 바람과 비를 막아줄 동굴을 생활 터전으로 삼아 살아냈다. 대부분의 구석기 유적이 동굴에서 많이 발견되는 이유이다.

이후 기원전 1만 1,000년 경 신석기 혁명인 농경이 가능했던 것은 구석기시대 후반기부터 인류가 고기를 불에 구워 먹기 시작한 결과였다. 그 덕에 인류는 점차 발육 상태가 좋아지고 지능이 발달해 다양한 도구를 활용하게 됐다. 인류는 불로 야생동물들을 제압할 수 있었고 광석을 녹여 무기와 도구를 만들 수도 있었다. 인류가 최초로 숭배한 대상이 불이 되었던 것도 무리가 아니다.

인류는 먹이사냥 과정에서 만물의 영장으로 등극할 수 있었지만 그 과정이 순탄치만은 않았다. 사냥을 하다 죽을 고비도 수없이 넘겼고, 또 빙하기에는 멸절을 눈앞에 두다 극히 일부만 살아남으면서 자연에 대한 공포와 경외감이 잠재의식 깊숙이 자리 잡게 된다.

동굴에 산 크로마뇽인

프랑스 도르도뉴 지방은 후기 구석기인들이 집단으로 생활한 곳이다. 1940년 베제르 계곡에서 발견된 라스코 동굴에서는 1만 7,000년 전부터 그려진 600점 이상의 프레스코화와 1,500점의 조각들이 발견되었다. 역사상 최대 규모의 동굴 벽화가 발견된 것이다.

라스코 동굴에서 가장 유명한 그림은 들소, 말, 사슴, 염소 등 당시 수

| 라스코 동굴벽화

렵 대상인 100여 마리의 동물들이 등장하는 사냥 장면이다. 길이 5m가 넘는 들소부터 1m 내외의 작은 동물까지 다양하게 등장하는데 이를 통해 당시의 생활을 엿볼 수 있다.

당시 크로마뇽인의 주된 사냥감은 들소였고 순록과 야생마는 물론 심지어 매머드(맘모스)도 사냥 대상이었다. 그들은 거대한 힘과 위험으로 가득 찬 자연에서 죽을힘을 다해 사냥해 먹고 살았다. 그러나 죽일 수밖에 없는 동물에 대해 존경심을 가졌던 것도 구석기시대 신화의 특징이다.[3]

인류 최초의 동굴 벽화인 프랑스 남부 쇼베 동굴벽화는 전기 구석기시대인 기원전 3만 6,000년부터 3만 2,000년경의 그림이다. 오래전의 벽화이지만 다행히도 동굴 입구가 붕괴되어 2만 년 이상 고립된 덕분에

┃ 라스코 동굴벽화에 그려진 동물

휘손되지 않고 지금껏 보존될 수 있었다.

쇼베 동굴벽화는 가장 오래된 동굴벽화로 알려졌던 라스코와 스페인의 알타미라 동굴보다도 1만 5,000년이나 앞선 그림임에도 믿기지 않을 정도로 섬세하고 세련되었다. 그 벽화를 통해 우리는 3만 6,000년 전의 유럽대륙은 사자와 코뿔소, 매머드(맘모스), 무소 떼가 살았던 아열대성 기후의 초원지역임을 알 수 있다.

또한 동굴 벽화로 인간이 서로 소통하고 협동해 큰 동물을 사냥하였음도 알 수 있다. 이들이 발명한 또 하나의 행위는 바로 그림과 조각이다. 동굴 벽면에는 이들의 작품이 많이 남아 있는데 모두 그들이 사냥했던 동물을 그 대상으로 한다.[6] 이를 통해 당시의 인류가 예술이라는 행위를 시작했음을 알 수 있다.

인간의 특별한 사냥 능력은?

어떻게 그 옛날 초기 인류는 자신보다 힘이 훨씬 세고 큰 동물을 사냥할 수 있었을까? 동굴 벽화를 보면 당시에 인류가 사냥한 동물들의 모습을 볼 수 있다. 인간은 다른 동물에 비해 힘이 센 것도 아니고 민첩하지도 않다. 하지만 협동능력과 뛰어난 지구력을 통해 자신이 머물던 주변의 모든 생물을 사냥할 수 있는 최상위 포식자였다. 한 예로 당시 맘모스를 사냥할 수 있던 개체는 인간뿐이라고 한다.

인간은 극단적인 지구력 중심의 사냥꾼이다. 돌팔매와 활이나 창, 독침으로 큰 동물에 타격을 입힌 뒤 끈질기게 추적하는 인간의 지구력은 다른 야생동물보다 훨씬 우위에 있었다. 지금도 아프리카의 수렵부족들은 창 하나만 들고 사자를 사냥한다. 사자가 공격해오지 못하도록 나무 막대나 창으로 서로 엄호해주면서 창을 던져 출혈을 입힌 뒤 끈질기게 추적해 숨통을 끊는 방식이다.

이들 부족이 투창을 꽂은 후 사냥감을 추적하는 거리는 평균 5km에 이른다. 대부분의 동물은 폭발적인 순발력으로 그 자리를 벗어날 수는 있지만 이내 인간의 지구력에 밀려 지친 나머지 주저앉고 결국에는 숨통이 끊기게 된다.

현생인류의 조상인 크로마뇽인은 네안데르탈인과 비교해 먹거리 사냥과 추위를 견뎌내는 지혜뿐만 아니라 사냥도구에서도 앞서 있었다. 네안데르탈인에게 무기란 나무를 불에 말려 단단하게 만든 찌르개와 몽둥이뿐이었다. 그들은 동물을 근거리에서 찌르고 몽둥이로 때리는 방법으로 사냥했다. 그들의 유골에는 뼈가 부러졌다 아문 흔적이 많아 사냥하다 죽거나 다치는 경우가 많았음을 보여준다.

그들과 비교해 호모 사피엔스의 창엔 날카로운 석촉이 달려 있어 동물을 사냥할 때 치명적인 상처를 낼 수 있었다. 이 창은 가벼워 15m까지 던질 수 있었는데, 그들은 이러한 창을 여러 개 들고 사냥을 나섰다. 또한 크로마뇽인은 활도 사용했는데 나무로 만든 단궁이라 할지라도 화살이 60m는 날아갔다. 이 활과 창으로 호모사피엔스는 단거리는 물론 원거리에서도 다양한 종류의 동물을 사냥할 수 있게 되었다.

네안데르탈인과 호모사피엔스가 함께 번성하던 마지막 빙하기 시대에는 살인적인 추위가 그들을 괴롭혔다. 겨울이 무려 6~9개월에 달했지만 토착민 네안데르탈인보다 아시아에서 건너온 호모사피엔스들이 혹독한 추위를 더 잘 견뎌낼 수 있었다. 그들은 인류 역사상 가장 혁신적인 도구 중 하나인 '바늘구멍이 있는 바늘'을 만들어 썼기 때문이다.

그들은 작은 끌로 동물 뿔과 뼈를 손질해 가는 바늘을 만들었고, 바늘에 구멍을 뚫어 가죽 끈을 실로 사용해 늑대, 순록, 여우같은 다양한 짐승의 털가죽으로 옷을 만들어 입었다. 이 옷들이 호모사피엔스를 빙하기에서 구해준 셈이다. 게다가 그들은 햇빛을 더 잘 받기 위한 남향 움막을 지을 줄도 알았고 진흙과 돌로 화덕을 만들 줄도 알았다.

또한 낚시 바늘을 만들어 물고기를 잡을 수 있게 되어 강가와 연안에서의 생활도 시작할 수 있었다. 또한 뗏목을 만들어 강을 오르내리며 바다를 건너게 된 호모사피엔스는 지구 전체로 퍼져나갈 수 있었다.

이처럼 살아남기 위해 호모사피엔스는 창의력을 길렀고 기술적 진보를 이루어냈다. 이후 호모사피엔스는 환경 변화에 적응하고 활용하는 기술을 축적해 후손에 물려주었다. 이렇게 쌓인 문화는 인류의 복잡한 사고능력과 인지능력을 저장해주는 창고 역할을 해왔다.[5]

사슴고기 스튜와 지폐

▌ 사슴고기 스튜

　나는 해외 근무를 하던 시절에 가능하면 현지음식을 맛보려 노력했다. 사냥이 허가된 시즌에 가장 많이 먹었던 요리가 사슴고기 스튜였다. 오래 전 일이라 그 맛이 어떠했는지 정확히 묘사할 수는 없지만, 양념 때문인지 무난한 맛으로 기억된다.

　사실 사슴고기는 특유의 누린내로 인해 호불호가 갈리고 소, 돼지고기에 비해 지방이 적어 부드러운 맛이 덜하다. 그래서 소고기처럼 구이나 수프 등으로 요리해서 먹는 경우가 많다.

한편 과거에 동양에서는 사슴고기는 혈액순환을 원활하게 하는 효능이 있다고 믿었다. 특히 산모가 산후에 먹으면 젖의 분비를 촉진하고 전신기능을 왕성하게 해준다고 믿었다고 한다.

인류가 수렵채취 시대에 가장 많이 사냥한 동물도 사슴과 멧돼지다. 그런데 정작 사슴이 시대를 막론하고 각광받았던 이유는 고기가 아닌 가죽 때문이었다. 미국에서 달러를 buck(수사슴 가죽)이라 부르는 이유도 여기에 있다. 과거 수사슴 가죽이 인플레이션이 발생하는 화폐보다도 더 신뢰할 수 있는 대용물이었기 때문이다.

동양에서도 사마천의 《사기》에는 사슴 가죽을 화폐로 사용한 역사가 등장한다. "황제의 금원(정원)에는 흰 사슴들이 뛰어놀고, 황실의 비용을 대는 소부少府에는 많은 은과 주석이 있었다. 전쟁 등으로 화폐 수요가 늘어나자 조정에서는 자주 구리로 동전을 주조했다. 민간인들도 그 기회에 편승해 몰래 동전을 주조하자 그 수량이 얼마나 되는지 알 길이 없었다. 돈이 날로 많아지자 돈의 가치가 떨어져, 물건 값은 천정부지로 올랐다."

이에 한 무제는 사방 한 자의 흰 사슴 가죽 둘레에 수를 놓게 해 화폐로 삼았다. 장당 무려 40만 전이었다. 왕후와 종실이 입조해 천자를 배알하는 빙향 때는 반드시 이 화폐와 옥을 바치게 하였다. 그 무렵 황금보다 훨씬 귀한 화폐로 사슴 가죽이 쓰인 것이다. 이 사슴 가죽을 지폐의 기원으로 보기도 한다.

목축의 역사,
츄라스코

유목민과 정주민의 투쟁

   길고 지루했던 빙하기가 기원전 1만 2,000년경에 끝나자 날씨는 점점 따듯해졌다. 동토의 툰드라 지역은 북상해 그 자리에 드넓은 초원이 형성되었다. 유라시아 동쪽으로는 바이칼호수 근처와 남쪽에 거대한 초원이 만들어졌고, 서쪽으로는 흑해의 면적이 크게 확대되면서 호수 북쪽과 동쪽 지역으로 코카서스 초원이 형성되었다. 이때 신석기시대가 시작되면서 수렵채취만으로는 살기 어려워진 인류는 다른 생존방식을 찾아 두 갈래로 갈라지게 된다.

   수렵을 잘하는 사람들은 초원으로 이동해 유목민이 되었는데 바이칼호수 근처 초원에는 몽골로이드계 유목민족이, 흑해 근처 코카서스 초원에는 코카소이드계 유목민족이 등장했다. 반면 채취를 선택한 사람들은 강 하류 퇴적지에 정착해 농사짓는 정주민이 되었다. 유목문화와 농업혁명이 동시에 일어난 것이다.

인간이 살아가는 데 꼭 필요한 3대 요소는 물과 식량, 그리고 소금이다. 유목민족은 강가나 오아시스 근처 초원에서 목축을 하면서 동물의 젖과 피 속의 소금기로 이를 해결할 수 있었다. 반면에 정주민들은 주로 강 하류 퇴적층에서 농사를 지으며 갯벌에서 조개 등 연체동물과 해초류를 채취해 소금 문제를 해결했다.

그러다 간빙기 초기에 육지에 쌓여있던 두꺼운 빙하가 녹아내리면서 해수면이 무려 122m나 높아졌다. 앞서 말한 서해가 육지였다가 바다가 된 것이다. 당시 바닷가 정주민들은 갑자기 몰아닥친 물로 인해 삶의 터전을 잃고 달아나느라 정신이 없었을 것이다.

초원의 유목민족도 예외가 아니었다. 그들 역시 지형의 변화가 나타나 새로운 목초지를 찾아 끊임없이 옮겨 다녀야만 했다. 지구 온난화가 계속되자 숲과 초원지대 역시 북상하기 시작했던 것이다. 게다가 사막화 현상까지 진행되어 목초지가 점차 줄어들자 유목민족 간의 투쟁은 격화되어만 갔고, 굶주린 유목민들은 주기적으로 정주민족의 터전을 침략해 식량을 약탈하기 일쑤였다.

인류의 역사는 먹거리 쟁탈의 역사라고 했던가. 이때부터 유목민과 정주민 간의 기나긴 투쟁과 협동의 역사가 전개된다. 아이러니하게도 목축시대와 유목문화의 본격적인 시작은 종을 떠나 인간의 친구가 된 늑대와 야생말 덕분에 가능해졌다.

인간, 네 발 달린 친구를 얻다

　지금으로부터 약 1만 5,000년 전, 인간은 동북아시아에서 늑대를 개로 순화시키는 데 성공해 최초로 네 발 달린 친구를 얻게 된다. 이후 개는 인간이 사냥하는 데 큰 도움을 주었을 뿐만 아니라 이후에는 양을 길들여 목축하는 데 없어서는 안 될 존재가 되었다. 개 이후에는 염소, 양, 소, 돼지, 말, 낙타 순으로 가축화가 이루어졌다. 이는 인류 역사에서 큰 사건 중 하나다. 그 뒤 초원에서는 전문적으로 개를 이용해 양떼와 소떼를 기르는 유목민족들이 등장하기 시작했다.

　참고로 전 세계에 퍼진 개의 조상은 동북아시아 회색늑대라고 한다. 스웨덴 왕립기술연구소의 과학자들이 전 세계 500종 이상의 개 DNA를

분석한 결과 동북아시아의 개가 유전적 다양성이 가장 풍부한 것으로 나타났다. 이 말은 이 지역의 개가 가장 오래 전에 가축화되었음을 뜻하는 것이다. 1만 5,000년 전 동북아에서 처음으로 사육되기 시작한 개는 1만 4,000년부터 8,000년 전 사이에 중앙아시아와 유럽 그리고 아메리카 대륙 등 전 세계로 퍼져나갔다고 한다.

사육된 개는 사람을 따라 이동했을 터이니 이는 곧 그 시기에 동북아시아에서 사람들이 퍼져나갔다는 이야기가 된다. 이처럼 개 사육의 역사는 인류의 역사를 유추하는 자료가 된다.[6]

동굴에서 숲으로

기후변화가 인류문명사에 끼친 영향은 실로 대단해서 빙하기가 끝난 기원전 1만 1,000년 이후에는 동굴벽화가 더 이상 나타나지 않는다. 이는 비로소 인류가 동굴을 벗어나 초원과 숲으로 나와 생활했다는 이야기다.

빙하기를 견뎌낸 인류는 구석기시대가 끝나고 신석기시대로 넘어오면서 또 한 번의 커다란 기후변화를 겪는다. 기원전 1만년 전부터 8,000년 사이에는 기온이 급상승하면서 극지방과 대륙을 덮고 있던 3,000m의 두꺼운 얼음층이 녹아내리기 시작했다. 상상도 할 수 없는 엄청난 양의 물이 바다로 흘러들어가 바닷물이 지구 표면의 70%를 덮어버리게 되었다.

여기에 지구온난화까지 더해졌다. 대기온도가 상승하면서 열팽창 현상으로 바닷물 자체의 부피가 늘어나 해수면이 상승하기 시작했다. 여기에 엄청난 양의 빙하 녹은 물까지 더해져 태평양과 대서양의 해수면은 4,000년 사이에 무려 122m나 높아지기에 이른다.

바이칼호수와 한민족

한편 알타이산맥 북동쪽 바이칼호수 근처에 살던 몽골리언들은 빙하기가 끝나고 나서야 비로소 초원으로 진출할 수 있었다. 빙하기 동안 몽골리언은 주변이 모두 빙하 지역인 탓에 이동이 어려워 바이칼호수 주변에 갇혀 살았다. 빙하기 무렵 바이칼호수에는 물이 적었고 주변은 대부분 숲이었다. 바이칼호수는 몽골리언에게 오아시스 같은 장소인 셈이다.

2,500만 년의 역사를 지닌 세계에서 가장 오래된 바이칼호수는 둘레는 2,200km이며, 면적은 한반도의 2/3에 해당한다. 최대 깊이는 1,742m로 세계에서 가장 깊은 호수인데, 물이 맑아 40m 속까지 보인다. 330개의 강이 이곳으로 흘러드는데 밖으로 흘러나가는 수로는 앙가라 강 하나뿐이며, 지구에서 가장 찬 호수이기도 하다.

바이칼호수는 지구 민물의 20%를 담고 있으며 세계에서 가장 깨끗한 물이다. 그 수정같이 맑은 물에는 세계 유일의 민물물개와 철갑상어 그리고 내장이 들여다보이는 투명 물고기 골로미양카가 산다. 서식하는 동물은 무려 1,550종으로, 75%는 다른 어디에도 존재하지 않는 고유종이다. 몽골리언들은 빙하기 때 이 물고기들과 주변 숲의 동물들을 잡아먹으며 살아갈 수 있었다.

그런데 어떻게 이렇게 차디찬 바이칼호수가 빙하기에도 깊이 얼지 않았을까? 호수 밑 단층 협곡에서 솟아오르는 마그마가 물을 따뜻하게 데워 주변 생명들이 살아남을 수 있었기 때문이다. 또 마그마 활동으로 생긴 호수 주변의 수많은 온천과, 호수 주변의 숲에서 얻는 땔감은 혹독한 추위와 싸워야 했던 몽골리언들에게는 신의 축복이나 다름 없었다. 바이칼이란 호수 이름에 샤먼을 뜻하는 '바이'를 붙였다는 것은 바이칼호수가 몽골리언들의 신앙의 대상이었음을 짐작케 한다.

궁둥이에 몽골 반점을 갖고 있는 몽골리언의 형성지가 바로 이 알타이-바이칼 지역이다. 이들은 체열 손실을 줄이기 위해 다부지고 뭉툭한 체형으로 진화했다. 찬바람을 피하려 눈은 작고 가늘게 찢어졌으며, 추위로부터 안구를 보호하기 위해 눈꺼풀 지방이 두툼해졌다. 또 추위를 이겨내려 두꺼운 피하지방층, 평평한 얼굴, 얇은 입술, 낮은 코 등 노출 부분을 최소화해 동상에 걸리지 않도록 진화했다.

한국인의 기원을 추적한 이홍규 의학 박사에 따르면 한민족은 유전학적으로 몽골리언의 원형질을 계승, 발전시킨 민족이라고 한다. 그는 미토콘드리아 DNA 유전자를 활용해 당뇨병을 연구하던 중 이 DNA가 인류의 이동을 증명한다는 사실을 밝혀냈다.

지금도 바이칼호수 주변에 사는 부리야트인은 혈연적으로 한민족과 가장 가깝다고 한다. 이 사실은 모스크바유전학연구소의 자카로브 박사에 의해 규명되었는데, 외모만 우리와 닮은 것이 아니라 서낭당, 솟대,

아기 탯줄을 문지방 아래 묻는 전통, 강강술래와 흡사한 춤, 단군신화와 비슷한 아바이 게세르 신화 등 많은 부분이 유사하다는 것이다.[7]

몽골리언들은 빙하기가 끝나 삶의 터전이 물에 잠겨버리자 따뜻한 초지를 찾아 남하하기 시작했다. 그렇게 새로운 초원을 찾아 종족이 갈라지면서 알타이어 역시 분화되었다. 그 가운데 한 갈래의 몽골리언들이 요하문명을 탄생시켰다.[8]

흑해의 범람과 노아의 방주 이야기

그 무렵 코커서스 인근 흑해에서도 큰 변화가 생겼다. 원래 흑해는 민물호수로 그 주변으로 초기 인류들이 농사를 짓고 살고 있었다. 당시 호수는 보스포루스 해협이 자연 제방 역할을 해 준 덕분에 오늘날의 사해처럼 해수면보다 140m나 낮게 자리 잡고 있었다.

그러던 7만 5,000년 전의 어느 날, 보스포루스 자연제방이 지중해의 수압에 의해 붕괴되면서 지중해 바닷물이 보스포루스 해협을 넘어 호수로 밀어닥치기 시작했다. 나이아가라 폭포의 200배에 달하는 물이 쏟아져 들어오면서 호수는 매일마다 1.6km씩 넓어졌다. 호수연안에 살고 있던 사람들은 떼죽음을 당하거나 공포에 휩싸여 필사적으로 도망쳐야만 했다.

30년 만에 호수 수면이 145m나 높아져버렸고 호수가 3배 커지면서 민물이 짠물로 변했다. 주변 농토마저 소금기가 스며들어 더 이상의 농경이 불가능해졌다. 이후 기후가 따뜻해지자 시베리아 툰드라 지역이 대폭 줄어들면서 그 자리에 유목민이 살기 좋은 코카서스 초원이 들어섰다. 여기에 둥지를 튼 사람들이 인도유럽어족의 조상들이다.

7,500년 전 흑해의 범람에 홍수까지 더해져 대홍수 신화가 만들어졌다. 바빌로니아의 《길가메시 서사시》에 나오는 대홍수 이야기는 여기서 유래했을 가능성이 있다. 《성경》에도 노아의 홍수 이야기가 등장한다. 1910년부터 1930년대 고대 수메르 문명의 중심도시였던 우르 유적 발굴조사에서 두께 3m의 점토층이 발견되어 대홍수가 실제 있었던 사건임이 밝혀졌다.

이후 초원 유목문화의 본격적인 시작은 사람이 말을 길들여 타고 다니며 이루어졌다. 《말, 바퀴, 언어》를 쓴 인류학자 데이비드 앤서니에 의하면 소와 양의 목축은 기원전 5,200년 전부터 5,000년 사이에 코카서스 초원 전반으로 확산되었다. 그 무렵 코카서스 초원에는 전 세계 야생말의 40%가 이 지역에 몰려 살았다.

이 초기 유목민들은 목축을 하면서 황소로 땅을 갈기 시작했고, 야생말을 잡아 식용으로 먹다가 길들여 키우기 시작했다. 처음에는 말의 체구가 작았다. 초원에는 두 종류의 야생말이 있었는데 작은 종은 키가 60cm에 불과했고 카스피안 포니로 추정되는 큰 종이 1.1m 내외였다. 지금도 남미에는 키가 60cm에 불과한 팔라 벨라 종 말이 살고 있다. 유목민들이 우성교배를 통한 종자 개량으로 말의 체구를 키워 타고 다니기 시작한 건 기원전 4,500년 전부터 4,200년 무렵이다.

말이 어떻게 목축에 도움이 될까? 예를 들어 한 사람이 양치기 개를

▌ 인간의 행동반경을 높이는 말

데리고 있을 경우 보통 200마리의 양을 기를 수 있다. 반면에 똑같은 개를 데리고 말을 타는 경우 놀랍게도 500마리를 기를 수 있다. 이로써 초원의 목축 규모와 생산성을 2배 이상 늘릴 수 있게 되는 것이다. 게다가 말을 탄 이후 사냥의 효율성이 높아지고, 유목민들의 행동반경 또한 넓어졌다. 그래서 말에 타는 것이 권력의 상징이 되었다.

그 뒤 말의 입에 물리는 재갈이 발명되었고 인간은 점차 말을 보다 효율적으로 사육하고 조정할 수 있는 조련술을 발전시켜 나갔다. 이러한 기마 기술의 발명은 효율적인 목축과 더불어 군사 분야에서도 획기적인 혁명의 길을 열어 주었다. 말을 탄 부족이 더 빨리 세력권을 넓혀간 것이다. 하지만 약탈과 전쟁이라는 부작용도 늘어났다.[9]

목축시대의 별미, 츄라스코

| 한국에서도 인기를 끄는 고기 뷔페, 츄라스코

인류가 처음으로 불을 이용한 원시시대부터 고기를 구워 먹는 역사는 시작
됐다. 그렇다면 목축 역사에서 비롯된 음식은 무엇일까? 목동들이 초원에서
먹던 즉석 고기구이 츄라스코 Churrasco가 그것이다.

츄라스코는 아르헨티나와 브라질에서 특히 유명한데 남미 초원에서 가우

초(목동)들이 장작더미 불에 고기를 구워먹던 것에서 유래한다. 브라질에서 근무할 때 이과수 폭포에서 먹었던 츄라스코의 고기 맛이 아직도 생생하다.

나는 KOTRA 재직 중 해외 7개국에서 근무했었는데 그 가운데 4곳이 중남미 국가들이었다. 브라질에서 근무할 때 특이한 정책이라 생각했던 것이 하나 있다. 브라질은 자유경제를 지향하는 나라이지만 서민들을 위한 경제정책만은 사회주의 경제를 가미하고 있었다. 다른 물가에 비해 유독 저가정책을 고집하는 부문이 3개 있었는데 하나는 대중교통 요금이고, 또 다른 하나는 통신비였으며, 마지막 하나는 주식인 고기 가격이었다. 소고기는 서민들을 위한 음식으로 값이 매우 저렴했다.

그래서 레스토랑에 가서도 고기를 싼값에 원없이 즐길 수 있었는데 유독 잊혀지지 않는 음식 중 하나가 바로 온갖 고기를 무제한으로 즐길 수 있는 츄라스코다. 츄라스코는 정확히는 전통 참나무 고기구이를 이르는 말이고 츄라스께리아는 츄라스코를 파는 식당을 일컫는다.

오늘날에도 육식을 주식으로 하는 브라질 사람들은 결혼식이나 파티에 참나무 불에서 2시간 이상 구워낸 츄라스코를 내놓는다. 처음에는 강한 불로 고기즙이 빠져 나가지 않게 굽다가 서서히 불을 줄여 구워내면 숯불 특유의 풍미와 부드러운 고기 맛을 느낄 수 있다.

브라질식은 소고기에 왕소금만을 뿌려 굽고, 나머지 고기는 기본 양념에 재워 굽는다. 이렇게 구운 소고기는 양념이 강하지 않아 담백하고 고소하다. 츄라스께리아에서는 웨이터가 테이블마다 돌면서 익은 부분만 먼저 베어내어 접시에 조금씩 칼로 잘라주는데 소고기가 부위별로 7가지 이상 나온다. 그밖에 양갈비, 돼지등갈비, 닭고기, 오리고기, 소시지 등 다양한 고기를 한 자리에서 즐길 수 있다. 이때 부위와 익힌 정도에 따라 맛이 각기 다르다.

｜꼭 먹어봐야 할 고급 부위, 삐까냐

　브라질 사람들이 가장 좋아하는 소고기 부위는 삐까냐 ₚᵢcₐₙₕₐ이다. 바로 소의 엉덩이인 우둔살의 상층부위로 소 한 마리당 1.5Kg 밖에 나오지 않는 고급 부위라 가격도 가장 비싸다. 주로 브라질과 아르헨티나에서만 먹는데 육질이 연하고 맛있다.

　삐까냐는 고기 본래의 맛을 음미하기 위해 10분 정도 센 불에 구워 미디엄 레어 상태로 나온다. 사람들은 두꺼운 지방이 붙은 이 고기를 다시 철판에 살짝 구워 신선한 샐러드를 곁들여 먹는다. 특히 쌉사름한 채소인 아그레옹(물냉이)이 삐까냐와 찰떡궁합을 이룬다. 츄라스코를 먹게 된다면 빼먹지 않고 삐까냐를 맛보도록 하자.

어업의 역사,
고래고기

신화처럼 숨 쉬는 고래사냥

　대규모 협력이 필요한 포경은 어업의 최종단계였다. 유럽은 동굴벽화에서 기원전 3,000년 경부터 고래를 잡았던 것으로 보이는 기나긴 포경의 역사가 있다. 그런데 우리나라에는 이보다 훨씬 앞서 고래를 잡았던 모습이 그려진 암각화가 있다.

　암각화는 그림으로 그려진 역사 기록이다. 우리나라에는 고대 암각화들이 20여 군데 있는데 그 가운데 대표적인 것이 울산 반구대 암각화이다. 바다 생물과 육지 동물들이 함께 그려져 있다는 점에서 세계적으로 희귀한 자료로 꼽힌다.

　우리 조상들은 갯벌에서도 쓰러지지 않는 밑바닥이 평평한 배, 즉 평저선을 이용해 일찍부터 고기잡이를 해왔다. 이 배로 수심이 얕은 서해

■ 울산광역시 울주군 언양읍 반구대안길 285, 국보 제285호

바다뿐만 아니라 수심이 깊은 동해바다까지 고래사냥을 했다. 앞서 말한 것처럼 이는 조직적으로 협동해야 하는 고난도 조업이다. 이를 증명하는 유적이 1970년 울산 대곡천 중류의 암벽에서 발견된 국보 제285호이자, 세계에서 가장 오래된 포경유적인 반구대 암각화이다.

바위에 새긴 암각들은 우리 조상들이 8,000년 전부터 고래사냥을 해온 사실을 알려주고 있다. 이 암각화에는 향유고래, 참고래, 혹등고래 등 큰 고래가 62마리나 그려져 있다. 놀라운 것은 그 옛날에 고래를 잡기 위해 협동어업을 했다는 점과 작살과 부구, 낚싯줄을 사용했다는 점이다.

가로 10m , 높이 4m 크기의 암각화에는 고래, 거북 등의 바다 동물과 가마우지 같은 새 그리고 범, 곰, 멧돼지, 사슴 등의 육지 짐승 이외에도 사람, 배, 그물처럼 당시의 사람들이 어업과 수렵 생활을 동시에 영위하면서 잡았던 동물들과 사냥 도구들이 그대로 그려져 있다.

반구대 암각화에는 고래 종류만 8종에 7점의 집단 포경선이 그려져 있다. 그중에는 20여 명의 어부를 태운 큰 배 앞부분에 탄 사람이 끈이 달린 창으로 고래를 찌르려 하는 모습도 담겨 있다. 이렇듯 고대에도 집단 포경업을 할 정도로 우리 조선업과 항해술은 발달해 있었다. 이는 거친 파도를 헤쳐 나가면서도 크게 흔들리지 않는 평저선이 있었기 때문에 가능했다.[10]

고래 때문에 조선이 개항했다?

석유가 발견되기 전까지 밤에 불을 밝히는 등불에는 고래기름을 사용했다. 포경산업이 급속히 발전한 이유가 여기에 있다. 미국은 17세기 뉴잉글랜드 지방을 중심으로 가까운 바다에서 포경을 시작했고, 점차 먼 바다로 나가게 되었다.

19세기에 이르러 본격적인 산업혁명이 시작되면서 기계용 윤활유와 연료유의 사용량이 급증하자 고래기름의 수요도 폭발적으로 증가했다. 고래는 다른 동물과는 비교할 수 없는 엄청난 양의 기름과 고기를 제공했기 때문이다. 당시 포경산업의 인기는 1851년 출간된 흰색 향유고래와의 사투를 그린 소설《모비딕》을 통해서도 실감할 수 있다.

1820년대에 미국 포경선들은 태평양을 횡단해 일본 근해까지 진출했다. 당시 동해는 반구대 암각화에서 볼 수 있듯이 선사시대부터 고래잡이로 유명한 곳으로 각종 고래가 많았다. 동해는 북극해에 사는 고래들이 겨울철에 내려와 새끼를 낳고 기르던 바다였다. 머지않아 전 세계 포경선단이 동해로 몰려들었다. 특히 우리나라 동해안 일대는 혹등고래, 향유고래, 귀신고래가 많았다. 일 년 동안 북태평양을 회유하며 사는 고래들, 또 일 년 동안 북극과 남극을 오가며 사는 고래들은 남극으로 가기 전 동해안에서 새끼를 낳고, 새끼가 어느 정도 자란 이후에 다시 남극을 향해 내려가기 때문에 한류와 난류가 만나 먹이가 풍부한 동해안은 고래들에게 육아 장소로 적격이었다.

1850년대부터 동해로 몰려든 미국 포경선단은 식수와 식량 조달을 위한 보급기지가 필요했다. 영국과 러시아 등 당대 최강 열강들의 분쟁 지구로 분류돼 좀처럼 다른 열강들이 엄두를 내지 못하던 한반도에 개항 요구가 시작된 것은 모두 이 포경선들 때문이었다.

동해안과 일본 앞바다에서 조업하던 미국 포경선단은 미국 정부를 동원해 1854년 일본을 강제개항 시킨 데 이어 조선에도 개항을 요구했다. 이때 동해안 앞바다에서 난파하는 포경선 숫자가 늘자 미국 내에서는 자국민 실종자 수색을 바라는 목소리가 높아졌다. 게다가 미국 상선 제너럴셔먼호가 평양 군민들에 의해 1866년 7월 불타버린 일까지 알려지면서 미국 정부는 진상조사에 들어갔고, 결국 이 일은 1871년 신미양요의 빌미가 되었다.

1850년대부터 포경업으로 높아진 한반도에 대한 열강들의 관심은 1860년대부터 노골적인 침략으로 이어졌다. 러시아가 처음으로 원산

일대로 함대를 출정시켰고, 프랑스군은 병인박해를 빌미로 강화도를 점령했다. 이렇게 조선의 개항은 포경에서 시작되어 병인양요와 신미양요를 거치면서 이루어졌다.[11]

포경의 역사터, 울산 고래고기

조선시대에 동해는 고래의 바다로 불렸고, 삼국사기에는 원나라와 명나라에서도 동해를 고래가 많은 바다, 즉 경해鯨海로 불렸다는 기록이 있다. 우리 동해안에 많이 서식하던 고래 떼가 세계인들의 주목을 받았던 시기는 19세기 중엽부터였다.

특히 러일전쟁 후 일본이 우리나라 연안의 포경권을 러시아로부터 이어받아 많은 고래를 대량으로 포획하는 통에 동해안 고래의 개체 수가 급속히 줄어들었다. 특히 우리나라 동해바다에 서식하던 참고래와 귀신고래의 씨가 말랐다. 귀신고래는 서태평양 쪽 회귀 해면에서 엄격한 보호와 감시로 어느 정도 개체 수가 회복되었으나 참고래는 지금까지도 심각한 멸종위기 종으로 몰린 상태다.

우리도 해방직후부터 포경이 금지된 1986년까지 울산 장생포를 중심으로 고래를 잡았다. 1960년대까지는 대부분 길이 15m에 이르는 참고래를 잡다 개체 수가 줄어들면서 1t(톤) 크기인 밍크고래를 잡았다. 당시 고래고기는 돼지고기보다 싼 가격으로 먹을 수 있던 서민 음식이었다.

고래는 지능이 높은 동물로 부부애와 가족 사랑도 투철하다고 한다.

잔인한 포경업자들은 암컷 고래를 쏘면 수컷이 도망가지 못하고 그 주변을 맴도는 것을 알고, 일부러 암컷을 먼저 쏘아 결국 부부 고래 두 마리를 모두 포획했다고 한다.

지금은 현행법상 고래를 잡을 수 없지만, 그물에 우연히 걸리거나(혼획), 해안가로 떠밀려 올라오거나(좌초), 죽어서 해상에 떠다니는(표류) 고래는 해경의 검사를 거친 뒤 판매할 수 있다. 하지만 이 역시 밍크고래, 큰돌고래 등 몸집이 비교적 작으면서도 개체 수가 풍부한 고래에만 해당하는 사항이다. 브라이드고래, 혹등고래 등 멸종위기 보호대상 10종은 어떠한 경우라 하더라도 유통할 수 없게 법으로 정해져 있다.

전국에서 잡히는 고래 거의 대부분은 고래고기 음식점이 있는 울산 장생포로 향한다. 장생포에는 2005년 고래박물관 건립을 시작으로 고래생태체험관, 고래문화마을 등 고래테마 관광 인프라가 있다.

《성경》에서 축복받은 7가지 식물이란 밀, 보리, 포도, 무화과, 석류, 올리브, 대추야자를 뜻한다. "네 하느님 여호와께서 너를 아름다운 땅에 이르게 하시나니 그곳은 골짜기든지 산지든지 시내와 분천과 샘이 흐르고 밀과 보리의 소산지요 포도와 무화과와 석류와 감람나무(올리브나무)와 꿀(대추야자)의 소산지라."(《신명기》 8,7-8)

고대
: 문화를 만든 식재료 이야기

2장
축복받은
7가지 식물

다빈치_최후의 만찬

예수가 제자들과 최후의 만찬을 함께하는 그림을 살펴보면 예수와 기독교를 상징하는 음식들이 등장하곤 한다. 16세기에 그려진 이 그림에도 예수가 제자들에게 자신의 몸과 피를 상징하는 빵과 포도주를 나누어 주고 있다. 이처럼 포도주는 기독교를 상징하는 대표적인 음식으로 단순한 음료가 아닌 종교와 여러 이야기를 담은 상징적인 음식이다.

농경의 시작,
밀

인류 최초의 작물, 밀

　인류가 농사를 지어 수확한 곡식은 무엇이었을까? 한국인이라면 많이들 쌀을 떠올리겠지만, 답은 밀이다. 인류 최초의 수메르 문명이 발생할 수 있었던 이유도 유프라테스 강 상류에서 자라던 야생 밀 덕분이다. 당시 사람들은 야생 밀을 채취하며 수렵생활을 하다 기원전 9세기 경 레반트Levant 지역에서 인류 최초로 농사를 짓기 시작했다고 한다.

　레반트 지역이란 역사적으로 가나안과 시리아, 요르단, 레바논 지역을 가리키는 말이다. 지금의 이집트, 가나안, 터키, 시리아, 이라크, 이란 지역을 뜻하는데 이 지역을 하나로 엮으면 초승달 모양이 된다. 그래서 고고학자들이 이곳을 '비옥한 초승달'이라고 부르기도 한다.

　농경을 시작하며 한 곳에 모여 산 인류는 보리와 밀 같은 씨앗을 뿌려 그 수백 배를 수확하고, 인구도 늘어나게 된다. 특히 양과 늑대와 같은 짐승을 길들여 가축을 기르면서 농업과 목축업을 병행했다.

이후 농경이 확대되어 잉여 농작물이 생겨났고 자연스럽게 빈부격차 또한 발생했다. 이로써 그간 원시공산주의였던 인간 사회에 최초로 사유제도가 나타났다. 경작Cultivation으로 잉여 농산물이 생기자 문명Culture도 탄생했다. 공동체가 커지고 계급이 분화할수록 관개시설 건설 등에 필요한 여러 가지 통치수단이 필연적으로 발생했다. 이를 통해 관개시설과 농기구가 발달하자 농업 생산량이 크게 늘어나며 주변 지역과의 교역에 필요한 자본이 되었다.

잉여 농작물을 다른 필요한 물건들과 바꾸기 시작하며 가장 흔하게 사용된 것이 밀 다발이었다. 물물교환을 위해 화폐로 사용된 밀 다발을 셰켈Shekel이라 불렀다. 인류 최초의 화폐인 셈이다. 이스라엘은 지금 화폐로 셰켈을 사용하고 있다. 이처럼 밀에는 '인류 최초로 재배한 작물, 최초의 교환 작물, 최초의 화폐'라는 수식어가 따라 붙게 된다.

빵으로 피라미드를 쌓은 파라오

밀은 단백질과 미네랄, 비타민 함유량이 높아 밀을 주식으로 하는 사람들은 쌀을 주식으로 하는 사람들보다 키와 체격이 더 큰 경향이 있다. 하지만 밀이 칼로리는 쌀이나 옥수수보다 낮아 더 많은 양을 먹어야만 한다.

또한 쌀에 비해 필수 아미노산 함량이 적은 편이라 고기와 우유 등을 함께 섭취해 보충할 필요가 있다. 수메르인들은 밀과 고기를 서로 바꾸기 위해 길을 만들고 거래를 시작했다. 이렇게 정주민족의 밀과 유목민족의 고기가 거래되기 시작하면서 상업과 교역이 발달하게 되었다.

그렇다면 우리가 먹는 밀을 재료로 한 빵은 처음에 어떻게 만들어진 것일까? 고대 근동과 이집트 사람들은 곡물껍질을 벗기기 위해 구운 이삭을 돌로 문지르거나, 말리거나, 절구를 사용했다. 그런데 밀은 낱알이 쉽게 깨지기 때문에 껍데기를 분리하려면 알곡을 통째로 부서뜨려 가루를 낸 다음 제거해야만 했다.

이렇게 어쩔 수 없이(?) 만들어진 밀가루를 버릴 수 없으니 물을 부어 반죽을 만든 뒤 불 위에 올려놓아 만든 것이 납작하고 딱딱한 최초의 빵이었다. 이후 최초의 발효빵이 메소포타미아지역과 고대 이집트 지역에서 만들어졌다. 일설에 의하면 발효빵은 우연한 계기로 만들어졌다고 한다. 이집트의 한 소년이 빵을 굽고 남은 반죽을 깜빡 잊고 그대로 두었다가 반죽이 공기 중의 효모균에 의해 자연 발효되어 부풀어 오른 것을 발견한 것이다.

혹시나 하는 마음에 부푼 반죽을 구워봤더니 기존의 딱딱한 빵과는 다른 부드러운 감촉의 빵이 만들어졌다. 발효된 반죽의 공기구멍으로 인해 소화도 잘되고 맛과 향도 더욱 좋았다. 이를 계기로 이집트에서는 점차 빵 만드는 방법과 효모배양법이 발전하게 되었고, 누룩을 넣은 먹기 좋은 빵을 만들게 되었다.

당시 먹기 좋은 부드러운 빵은 기적이나 다름없었다. 그 후 이집트에서는 파라오가 빵의 독점권을 가졌다. 파라오는 빵을 화폐로 사용해 관료와 노예 모두에게 빵을 공급했다. 이집트가 거대한 피라미드를 건설할 수 있었던 원천도 빵 덕분이었다. 결국 파라오는 빵으로 이집트를 통치한 셈이다.[1]

이후 빵 만드는 방법은 지중해 여러 나라로 퍼져나가면서 보편화되었고 후대에는 그리스와 로마에도 전파되었다.

죽이냐, 빵이냐 그것이 문제로다

그리스는 전 국토의 80%가 산인 산악국이다. 그나마 평지도 석회암 토양이라 밀 재배 대신 어디서나 잘 자라는 생명력 강한 보리를 키워야만 했다. 보리는 부드러운 탄성을 만드는 글루텐 함량이 적어 빵으로 만들면 딱딱해지기 때문에 보통 죽으로 만들어 먹었다.

그리스인들이 밀로 만든 맛있는 빵을 먹기 위해서는 바다로 나갈 수밖에 없었다. 그리스는 그렇게 일찍이 해외로 눈을 돌려 기원전 8세기부터 지중해를 무대로 해상무역을 통해 부를 키워나갔다. 이렇듯 역사적으로 교역은 결핍에서 시작되곤 한다.

그리스를 정복한 로마는 전쟁에 참가한 시민들에게 나눠줄 토지가 부족해지자 대신 빵을 무상으로 공급했다. 벽돌 오븐에 구워낸 고급 빵이었다. 이후 로마에서는 제분, 제빵 기술이 크게 발달했고 빵은 로마를 움직이는 원동력이 되었다. 기독교가 전파되는 과정에서 이러한 기술들도 유럽 각지로 함께 전해지면서 밀 농사도 널리 퍼져나가게 된다.

그 뒤 밀은 인도를 통해 중국으로 전파되기에 이른다. 진시황이 중국을 통일할 수 있었던 힘 중 하나가 바로 진나라가 밀 생산을 일찍 받아들인 결과 덕분이라는 해석도 존재한다. 밀을 통한 경제적 안정과 발전된 무기 덕에 안정을 이루었다는 것이다. 어쩌면 우리가 중국집에서 맛있는 꽃빵을 먹을 수 있는 건 진시황 덕분일지도 모른다. 지금은 중국이 세계 최대 밀 생산국이 되었다.

우리나라에는 기원전 200~100년경에 밀이 유입되었는데 평안남도 대동군 미림지에서 밀 유물이 발견되기도 했다. 이처럼 밀이 여러 나라로 쉽게 퍼져나갈 수 있었던 이유는 기후조건이 까다롭지 않아서이다. 밀은 온대지방에서 가장 잘 자라지만 기후 적응성이 강해 기온이 낮거나 건조한 지역에서도 재배가 가능하다.

곡물 생산량 증대가 역사를 좌우하다

유럽은 고대에 1년 걸러 한 번씩 땅을 쉬는 이포제 농법을 시행하다 중세에 식량 수요를 감당하지 못하게 되자 삼포제를 도입했다. 삼포제란 경지 전체를 3등분하여 1/3에는 봄에 파종하는 보리, 귀리 등의 여름작물을 심고, 1/3에는 가을에 파종하는 밀과 보리 등의 겨울작물을 심으며, 나머지는 휴경지로 가축 방목에 사용하면서 분뇨를 비료로 사용하는 방식이다. 이러한 농업 기술의 발달이 경제사에 미친 영향은 컸다. 식량 생산이 증가하자 이를 기반으로 상업이 활성화되면서 중세 상업시대가 열리게 된다.

18세기 중반에 이르러서는 사륜작법으로 휴경지를 없애 생산량을 획기적으로 증가시키기 시작했다. 사륜작법이란 가을밀, 보리, 클로버, 순무를 매년 순서대로 돌려짓는 농법이다. 클로버를 재배하면 곡물 생장에 가장 큰 영향을 미치는 질소를 공급하게 돼 지력을 회복시킬 수 있다.

이후 새의 분뇨, 초석 등 천연 질소비료를 거쳐 1908년 화학 질소비료가 개발되어 밀을 포함한 농업 생산성은 획기적으로 늘어났다. 동시에 종을 새로 만들거나 개량하는 육종법이 개발되자 밀 생산은 2배 이상 증가했는데 사람들은 이를 가리켜 녹색혁명이라 불렀다.

승패를 가르는 식량

이렇듯 인류를 먹여 살리는 고마운 밀은 인류 역사에서 한 나라의 흥망은 물론 전쟁의 승패까지도 뒤바꿔놓기도 했다. 기원전 6세기에 벌어진 페르시아-스키타이 전쟁은 청야淸野작전으로 유명하다. 들을野 깨끗하게淸 비워버린다는 말 그대로 스키타이군은 페르시아군과 하루 정도의 거리를 두고 후퇴하며 식량이 될 만한 밀밭을 모두 불태웠고 우물도 메워버렸다. 그러다 페르시아군에 허점이 보이면 전광석화와 같이 반격을 가한 후 다시 후퇴하곤 했다.

청야전술은 고조선이나 고구려도 중국과 싸우며 자주 써먹던 병법이다. 그들은 중국과 싸우면서 성을 지킬 때 들판의 곡식을 모두 불태우고 성문을 굳게 잠근 채 장기전을 벌였다. 그리고 적군의 후미에서 보급로를 차단했다.

기원전 2세기 로마 또한 카르타고를 점령한 후 그들의 곡창지대에 소금을 뿌렸다. 당시 소금은 값비싼 물건이었음에도 불구하고 그 밭에서 밀을 영원히 키우지 못하도록 한 조치였다. 그만큼 그 무렵 밀은 국가의 운명을 좌우할 정도로 귀중한 식량자원이었다.

나폴레옹의 러시아 원정에도 러시아군은 곡창지대의 밀을 전부 없애 버림으로써 결국 보급에 문제가 생긴 프랑스군이 패배했으며 미국의 남북전쟁에서도 면화를 생산하던 부유한 남부가 밀을 생산하던 북부에게 결국 식량문제로 패했다. 이렇게 밀은 상업문화를 만들고 전쟁의 승패를 좌우하는 힘을 가진 작물이었던 것이다.

강인한 생명력의
보리

인류 최초의 작물, 보리

보리도 밀과 어깨를 나란히 하는 농작물이다. 사실 식용 측면에서는 밀이나 쌀보다도 앞섰는지도 모른다. 보리를 재배한 최초의 기록은 기원전 1만 7,000년부터 1만 5,000년 사이에 형성된 이집트 아스완 부근 와디 쿠반야 유적에서 발견되었다. 그만큼 오랜 역사를 자랑하는 보리는 그 기원을 터키 남부와 티베트에 두고 있다. 그 후 보리는 유럽과 중국 등지로 전파되었는데 밀과 같이 다양한 환경에서도 재배가 가능해 경작지를 넓혀나갈 수 있었다.

보리가 한반도 지역으로 전파되어 재배되기 시작한 시기는 기원전 5세기부터 6세기 사이로 알려져 있다. 쌀 다음으로 중요한 작물로 자리매김했는데 우리나라는 보리를 먼저 길렀고 밀은 그보다 늦게 재배했기에 보리를 대맥, 밀을 소맥이라 불렀다.

보리는 그 생명력이 매우 뛰어나 가을에 밭에 파종만 해놓으면 추운 겨울에도 강인하게 자라 초여름에 열매를 맺는다. 고대 수메르 지역에서는 땅에서 소금기가 올라와 밀농사를 짓지 못하게 되었을 때는 이를 보리로 대체할 정도로 염분에도 비교적 강한 내성을 갖고 있다.

밀과 보리, 이 두 작물은 특히 겨울에 농사를 짓는 특성상 잡풀과 벌레 피해가 없어 무공해로 재배할 수 있는 작물로 환경 파수꾼의 역할도 톡톡히 하고 있다. 20세기 들어선 지금까지도 세계 곳곳에선 보리가 전통 작물로 자리 잡고 있으며 모로코나 몰도바, 라트비아 지역은 주식의 역할을 한다.

인류가 석기시대의 수렵채취 생활을 마감하고 한곳에 정착하여 밀과 보리 농사를 짓기 시작한 일은 역사적으로 매우 의미가 큰 사건이다. 제도발전 차원에서 경제사를 다룬 공로로 노벨상을 받은 더글러스 노스 교수는 이를 신석기혁명이라 명명하며 산업혁명에 버금가는 큰 변화로 꼽기도 했다. 그만큼 밀과 보리는 인류의 삶에 큰 변화를 가져다준 고마운 식량이다.

보리 농사꾼과 참정권

그리스에는 아테네 외곽 아티카 언덕의 척박한 땅을 개간해 보리를 키우는 소농들이 있었다. 그들은 아테네 시민으로서의 참정권을 요구했는데 그 배경에는 전쟁이 있었다. 이전의 전쟁은 귀족들이 중심이 되어 싸우는 방식이었고 시민들은 전쟁터에서 잔일을 거들어주는 역할에 그쳤다. 그러나 기원전 7세기 무렵에 팔랑크스라 불리는 대형 밀집전술이 도입되면서 상황이 바뀌었다. 3m에 달하는 긴 창을 소지한 보병들이 밀집해 최전방에 서는 전투방식이 보편화된 것이다. 이후 전쟁이 평민 중심이 되자 전쟁 후에도 시민들의 발언권이 강해졌다. 그런 분위기 속에 이렇게 최초로 귀족과 평민들이 함께 선출한 집정관이 솔론이었다.

솔론이 선출된 기원전 6세기 초는 아테네인들에게 어려운 시기였다. 귀족들은 좋은 땅을 소유하고 정치를 독점하며 파벌싸움에만 골몰해 있었다. 가난한 농민들은 쉽게 채무자로 전락해 빚을 갚지 못할 때는 농노 신세가 되거나 심한 경우에는 노예로 팔려갔다. 중간 계급인 중농, 수공업자, 상인은 정치에서 배제된 불만이 있었다. 이렇듯 아테네는 유력자들과 시민Demos 사이에 알력이 있었다.

가난한 예속민들은 유력자 농지에서 일하고 소출의 1/6을 바쳐야만 했다. 만일 임대료를 내지 못하면 감옥에 갇히고 심하면 노예가 됐다. 모든 부채는 인신人身이 담보로 설정되어 있었고, 빚을 진 시민이 가장 공포스러워 한 일은 노예가 되는 것이었다. 그럼에도 노예가 되는 사람들이 늘어나자 시민들은 유력자들에게 반기를 들어 격심한 분쟁이 오랫동안 지속됐다. 결국 양측이 이를 타파하고자 추대한 사람이 솔론이었다.

몰락 귀족 출신인 솔론은 40세까지 장사와 무역을 하던 사람이었다. 집정관으로 선출된 솔론은 경제를 부흥시키고 시민들에게 빵을 제공할 방법을 찾아야만 했다.

솔론은 이를 위해 아테네와 페르시아 간 무역을 증대시킬 방안을 찾았다. 솔론은 당시 지중해 최대 무역국인 페르시아와의 무역을 증진하기 위해서는 먼저 양국 간 화폐 통일이 필요하다고 생각했다. 그는 아테네 드라크마와 페르시아 은화의 가치를 같게 만들어 자유롭게 교환할 수 있다면 교역 또한 늘릴 수 있다고 예상했고 이를 위해 드라크마 은화의 은 함유량을 줄였다. 그의 이런 의도는 성공해 이로써 당시 최대 무역국인 페르시아와의 교역이 증대되었을 뿐만 아니라 아테네 은화는 지중해 교역에서 가장 널리 유통되는 역사상 최초의 기축통화가 되었다.

솔론의 혁신적 개혁

기원전 594년 그리스 집정관 솔론은 이른 바 '솔론의 개혁'을 통해 훗날 자유시장경제의 중요한 밑거름이 되는 민주주의와 토지 사유제 인정을 단행했다.

아테네가 경제사에 공헌했다고도 평가받을 정도로 개혁내용은 가히 혁명적이다. 먼저 채무자들이 억울하게 빼앗겼던 땅들을 돌려주고, 노예들을 해방시켰다. 당시 귀족들이 독점했던 정치를 시민들도 부의 정도에 따라 참여할 수 있게 했다. 이로써 아테네에서는 직접민주정치가 시행되었다.

솔론은 귀족계급의 권력독점을 막기 위해 부유한 시민이 함께 통치하는 제도를 도입했다. 그는 연간소득을 조사해 시민을 4등급으로 나누었다. 이때부터 참정권과 군사의무는 소득등급을 토대로 배분되었다. 최하층을 포함한 모든 시민에게 민회에 참석할 권리를 주어 평민의 불만을 해소했다. 또한 각 부족으로부터 100명씩 400인회를 만들어 민회에 제출할 안건을 마련케 했다. 이리하여 장차 아테네에 민주정치의 토대가 마련되어가기 시작했다.

솔론은 유대 희년제를 본받아 부채탕감을 시도했다. 이는 50년마다 돌아오는 희년에 모든 것을 원 상태로 돌려놓는 것을 의미한다. 즉, 부채를 탕감하고, 토지를 원 소유주에게 돌려주며, 죄수들에게 사면을 베풀고, 모든 노예를 해방시키는 제도로 가축과 땅에게까지 휴식기간을 주었다고 한다.

솔론은 기원전 594년에 모든 채무자의 빚을 말소했다. 그리고 채무자를 노예로 삼는 제도 자체를 폐지하는 법률을 통과시켜 빚을 탕감하고 땅을 재분배했다. 그리고 개인이 소유할 수 있는 토지의 상한선을 정하여 부의 집중을 막았다.

원래 솔론의 개혁은 고리채 문제를 해결하기 위한 것으로 채무자들은 처음에는 자녀를, 나중에는 자기 자신을 노예로 팔 수밖에 없는 상황에 처하는 경우가 많았다. 이에 따라 노예 수가 증가하면서 시민 사회가 붕괴위기에 처했던 것이다. 이때 솔론은 채무 무효를 선언해 채무 때문에 외국으로 팔려간 자들과 도망간 자들을 돌아오게 했다. 구약에 나오는 유대교의 희년도 고리채와 관련이 깊다. 희년이 되면 몸이 팔려 나간 자들에게 자유를 선물함으로써 유대인 공동체가 붕괴되는 것을 막았다.

솔론은 또한 주화 사용을 촉진하고 새로운 도량형을 도입했다. 그의 조치는 100년간 효력을 갖는 것으로 선포되었고 회전 나무판에 새겨져 모든 사람이 볼 수 있게 게시되었다. 그 뒤 그는 더 이상의 논란과 해명을 피해 유유히 해외여행을 떠났다.

구리로 만든 금화

그 뒤 아테네는 그리스 화폐 주조의 중심지가 되었다. 더구나 기원전 483년에 발견된 라우리움 은광은 국부를 획기적으로 높여주었을 뿐만 아니라 아테네 해군력을 향상시켜 페르시아군을 무찌르는 계기가 되었다. 이는 시민들에게 풍요를 안겨주어 아테네 시민들은 이제 보리죽 대신 밀로 맛있는 흰 빵을 매일 먹을 수 있게 되었다.

아테네는 기원전 449년 그리스 전역에 아테네식 주화와 도량형 사용을 강제하는 통화법령을 반포했다. 이는 교환에 드는 거래비용을 최소로 줄여주었다. 이로써 기원전 5세기 아테네 항구 피라우스가 지중해 무역의 중심지가 되었다. 기축통화의 위력 덕분에 지중해 상권이 페니키아와 히브리 왕국으로부터 아테네로 넘어왔다. 해상무역뿐 아니라 지중해 경제권 중심축이 완전히 아테네로 이동한 것이다.

기원전 5세기 아테네와 스파르타는 그리스 지배권을 놓고 펠로폰네소스 전쟁을 벌인다. 27년간 지속된 이 전쟁에서 아테네는 전쟁비용을 충당하기 위해 통화량을 편법으로 늘렸다. 금화 주조에 구리를 섞은 것이다. 처음에는 국민들이 이를 눈치채지 못했지만 구리의 양이 점차 늘어나면서 원래의 금화는 시장에서 자취를 감추어버렸다. 악화가 양화를 구축한 것이다.

시장에 갑자기 늘어난 '동화가 된 금화'는 푸대접을 받았고, 역사상 최초의 초인플레이션이 발생해 아테네 통화시장이 붕괴되었다. 결국 아테네는 통화시장 붕괴로 용병들로 구성된 전투부대에 더 이상의 전비를 보낼 수 없게 돼 스파르타와의 전쟁에서 패하고 만다. 그러나 아테네와 스파르타 양측은 탈진한 나머지 새로이 부상하는 마케도니아의 알렉산더 왕에게 지배권을 내어주고, 종국에는 신흥 로마에게 정복되어 찬란했던 고대 그리스 시대는 막을 내리고 말았다.

성경에서 많이 언급되는
포도

고대 포도는 귀한 양식

《성경》에는 포도와 관계된 구절이 무려 363개나 된다. 그만큼 고대에 포도는 귀중한 양식 중 하나였다. 고대인들은 수확한 포도의 일부를 지붕 위에 널어놓고 건조시켜 건포도를 만들었다. 이는 오래전부터 가나안 지역의 필수 양식 가운데 하나였다. 건포도는 질 좋은 포도당의 보고로 가난한 이들에게 환영받는 양식이었고, 먼 길을 떠날 때 편하게 가지고 다닐 수 있었으며, 쉽게 주고받을 수 있는 선물로도 환영받았다.

가나안 사람들은 풍요로운 포도 수확을 하느님께서 내리는 복이라 여겼다. 그래서 포도 농사의 실패는 그 땅에 임할 재앙과 심판의 예고로 생각하기도 했다.

현대에 와서 식용 포도는 20%에 불과하지만 대부분은 양조용으로 쓰인다. 양조용 포도는 당도가 높은데 그래야 발효가 잘되어 술이 만들어지기 때문이다.

다양한 레드 와인과 화이트 와인이 있어 포도의 종자가 다양해 보이지만 유전적으로는 거의 단일 형질이다. 대부분 상업용 식물이 그렇듯 꺾꽂이와 접붙이기로 개체 수를 늘리다 보니 오랜 세월 유전자 변화가 거의 없어 병충해 등에 상당히 취약한 문제점이 있기도 하다.

19세기 후반 프랑스를 시작으로 전 세계 포도밭을 강타한 해충이 있었다. 일명 포도뿌리혹벌레라 불리는 아주 작은 진딧물이다. 포도나무 뿌리에서 수액을 빨아먹는 해충의 습격을 받은 포도나무는 뿌리에 혹이 생겨 수액 공급 중단으로 말라 비틀어졌다. 이 해충은 거의 전 유럽지역을 강타했고 바다 건너 캘리포니아, 페루, 오스트레일리아 등지의 포도밭까지 황폐화시켰다.

이 해충을 퇴치하기 위해 수많은 방법이 강구되었는데, 해답은 내성을 갖고 있는 북아메리카 포도나무에 유럽 품종을 접붙이는 것이었다. 초기 유럽 포도밭 주인들은 이 방법을 꺼렸다. 새로 접붙인 포도나무에서 아메리카 포도 맛이 나지 않을까 하는 우려 때문이었다. 그러나 결과적으로 아메리카 종이 내성을 막아냈고, 유럽 품종의 맛은 유지되었다.

모래밭 포도나무의 비밀

이탈리아에서 가장 유명한 와인 생산지 중 하나가 토스카나이다. 토스카나 지방은 구릉이 많은 경사지로 이루어져 있어 풍경이 고즈넉하고 아름답기로도 유명하다. 이러한 비탈진 경사지에 포도나무를 심었는데 아름답게 보이는 구릉은 실상 자갈과 모래밭이다. 이 비탈진 모래밭에 심은 포도나무가 옥토에 심은 포도나무보다 더 건강한 열매를 맺는다.

비가 오면 비탈길 모래밭은 물을 가둬둘 수 없어, 포도나무가 살아남기 위해 그 뿌리를 땅 속 깊숙이 멀리까지 뻗어 단단히 대지를 움켜쥐어야 하기 때문이다. 이러한 포도나무는 땅 속 깊은 곳에서부터 영양분을 빨아들여 좋은 와인을 만들어낼 수 있다.

어디 나무들만 그러하겠는가. 인간이나 민족 모두 이러한 자연의 섭리에서 예외가 아니다. 어려움을 이겨낸 존재는 강해질 수밖에 없다. 내가 《유대인 이야기》를 쓰면서 느낀 점이다.

세계의 여러 옛이야기에서도 이 진리는 계속해서 드러난다. 《성경》 속 포도나무는 또한 선택된 백성을 뜻하며 노아는 포도밭을 가꾸는 첫 사람이었다. 또 젖과 꿀이 흐르는 축복의 땅 가나안을 포도에 비유하기도 했다. 실제 고대 가나안 사람들은 건포도와 포도주를 만들어 필요한 물건과 바꿔오곤 했다.

포도나무의 원산지는 코카서스 남부 지방으로 알려져 있다. 우연하게도 이곳은 노아가 홍수가 끝난 뒤 정착했다는 아라랏산 근처로 성경 구절과 일치하는 곳이다. 이곳에서 노아는 대홍수 후 처음으로 경작할 작물로 포도를 선택한다.

유럽인들이 가장 좋아하는 선물

포도 과즙에 효모가 첨가되면 산소가 없는 환경에서는 당을 분해시켜 알코올을 만들어낸다. 이것이 술이 만들어지는 원리인 발효이다. 와인은 다른 술과는 달리 제조과정에서 물이 전혀 첨가되지 않으면서도 알코올 함량이 적고 유기산, 무기질 등이 파괴되지 않은 포도 성분이 그대로 살아 있는 술이다.

내가 유럽에 10년 동안 살아본 경험에 의하면 유럽인들은 와인 선물을 정말 좋아한다. 집에서 파티를 열거나 손님을 대접할 경우 초대 받은 사람들은 대부분 와인을 들고 간다. 상대가 좋아하는 와인을 기억했다가 선물로 주고 받는 것을 즐거움으로 삼고 특히 생일날 자신이 태어난 해의 와인을 선물 받는 것을 큰 영광으로 여긴다.

또 자녀가 태어나면 그해의 와인을 몇 박스 사서 훗날 결혼할 때 피로연 자리에서 그 와인으로 하객들을 대접하는 것을 가장 훌륭한 축하연으로 생각한다. 그래서인지 유럽인들은 식사 대접 받을 때 얼마나 비싸고 좋은 음식이 나왔느냐보다 얼마나 자기가 좋아하는 포도주로 대접 받았는지를 성의의 척도로 여기기도 한다.

지중해 남부지역 사람들은 다른 지역과 비교해 비만률이 적으며, 심장질환과 혈관질환 병에 걸리는 확률이 낮은데 그 이유를 그들이 애용하는 와인과 올리브유에서 찾기도 한다.

이러한 와인은 적당히 마시면 약이 되지만 많이 마시면 몸에 해롭고 무엇보다 실수하기 쉽다. 《탈무드》에도 유명한 이야기가 있다. "아담이 포도나무를 심을 때 악마가 그게 뭐냐고 묻자 아담은 맛있고 기분 좋아지는 물을 만드는 열매가 맺는 나무라 했다. 악마는 나무가 잘 자라는 데 도움을 줄테니 자신도 마시게 해달라고 청했다. 아담이 허락하자 악마는 양과 사자, 돼지, 원숭이의 피로 포도를 키웠다. 그 결과 술을 마시면 처음에는 양처럼 순하다가 나중에는 사자처럼 사나워지고, 결국에는 돼지처럼 아무데서나 뒹굴고 원숭이처럼 날뛰게 되었다."

무화과말벌과
무화과나무

축복의 식물인가 저주 받은 식물인가

무화과는 뽕나무과의 다년생 야생지 과일로 원산지는 터키 카리카Carica로 이 지명을 따서 학명Ficus carica이 붙여졌다. 서구에서는 성스러운 과일이라 성탄절 전후에 즐겨먹는다.

또 유대교 경전《미드라시》에 따르면 에덴동산의 선악과가 바로 무화과였다고 한다. 성서적 관점에서 보면 무화과는 인류 최초의 나무인 셈이다. 무화과는 또 생명의 열매라고도 불린다. 선악과를 따 먹은 아담과 이브가 수치심을 느끼고 옷 대신 입은 것이 무화과나무의 잎이다. 미켈란젤로도 바티칸 시스티나 성당의 천장 그림에서 지혜의 나무를 무화과나무로 표현했다.

지금도 화가들은 회화나 조각상에서 나체를 묘사하다 대놓고 묘사하기 곤란할 경우에는 그 부위에 무화과 잎을 덮기도 한다. 그래서 무화과 잎을 칭하는 'fig leaf'에는 보이지 않도록 하는 가리개라는 뜻도 있다.

이렇듯 무화과無花果는 꽃이 피지 않는 과일이라 해서 없을 무無 꽃 화花 열매 과果를 써 무화과라고 부른다. 하지만 꽃이 피지 않고 과일을 맺는 나무가 있을까?

실제로 무화과 꽃은 열매 안에서 핀다. 다만 밖에서 보이지 않을 뿐이다. 즉, 열매처럼 생긴 껍질이 꽃받침이며 내부의 붉은 융털 달린 것들이 꽃이다. 그래서 무화과 열매는 꽃인 동시에 열매인 셈이다.

무화과나무는 암수가 따로 있으며, 이 암수 나무 사이를 오가며 열매 내부의 무화과 꽃들을 수정시켜 주는 2mm가 채 안 되는 아주 작은 벌이 따로 있다. 이른바 무화과말벌은 열매 속의 빽빽한 꽃들에 닿기 위해서 유일한 입구인 열매 밑둥의 매우 작은 구멍을 통과한다. 무화과와 공생하도록 특별하게 진화된 셈이다.

수정된 무화과는 수정되지 않은 무화과와 외관상으로는 별로 차이가 없다. 껍질이 꽃받침이니 변하는 게 없기 때문이다. 다만 열매를 갈라보면 그 차이를 알 수 있는데 그 안에는 촘촘한 꽃들과 딸기 씨앗마냥 자글자글한 알맹이들이 들어 있다. 이것이 무화과의 열매이자 씨앗인 것이다. 열매가 충분히 익으면 껍질이 갈라지고 벌어져 씨앗을 퍼트릴 준비를 한다. 이 열매를 이제 다른 동물이나 곤충들이 먹으면서 무화과가 퍼진다.

들어올 땐 마음대로였지만 나갈 때는 아니란다

무화과나무 전용 중매쟁이인 무화과말벌의 생애도 무척이나 흥미롭다. 이들은 어떻게 번식을 할까? 꽃가루를 묻힌 암컷 말벌이 무화과 중앙에 배꼽처럼 생긴 작은 구멍 안으로 들어가 알을 낳는다. 그러나 무화과 안으로 들어간 말벌은 다시는 나올 수 없다. 말벌이 작은 틈새로 겨우 들어갈 때 날개와 더듬이가 부러지기 때문이다. 말벌은 그렇게 무화과 안에서 알을 낳고는 그 속에서 생을 마감한다.

이렇게 낳은 알 중에서도 수컷 말벌이 먼저 깨어난다. 수컷 말벌은 눈과 다리가 퇴화되고 날개가 없는 대신 턱이 발달해 아직 깨어나지 않은 암컷 말벌의 알을 깨고 암컷 말벌을 수정시킨다. 수컷 말벌은 무화과 꽃 안에서 태어나 무화과 꽃 안에서 죽음을 맞이하는 것이다. 암컷 말벌은 수정이 되어 깨어나 자라면서 다른 무화과로 이동해 다시 꽃가루받이를 돕는다. 무화과 속에서 탄생과 죽음을 반복하는 말벌 덕에 인간은 지금껏 맛있는 무화과 열매를 먹을 수 있는 것이다.

풍요와 영광을 상징하는
석류

석류는 풍요와 자비의 상징

석류는 《성경》에 30회 이상 소개되는 성스러운 식물로 많은 씨앗을 품고 있는 모습 때문에 풍요와 사랑을 상징하기도 한다. 유대인들은 석류가 율법의 개수인 613개에 해당하는 씨앗을 갖고 있는 것으로 생각했다. 따라서 석류는 공동체 내의 약자를 돌보는 율법의 정신인 체다카Tze-dakah, 즉 의義의 상징이기도 했다. 그래서 9월 말부터 10월 초, 유대인의 신년인 나팔절에는 석류를 먹으며 매일이 석류 알처럼 체다카를 실천하는 삶이 되기를 바라는 전통이 있다.

또 유대인들은 석류 열매꼭지 부분이 왕관을 닮았다 해서 석류가 영광을 상징한다고 생각했다. 그래서 솔로몬 성전 제사장의 지팡이에는 석류를 장식했고, 성전 앞 두 기둥머리에 각각 석류 장식을 해 하느님의 영

광을 나타냈다.

　유대교 신비주의 종파인 카발라에 따르면 석류 꼭지의 왕관 문양 6개의 별을 따서 유대교 상징인 다윗의 별이 도안되었다고 한다. 이 도형은 신성한 보호, 방패의 의미를 지니고 있다. 현재 이스라엘 국기에도 다윗의 별이 들어가 있다.

석류꽃에서 유래된 홍일점의 어원

　석류는 원래 이란이 원산지로 중동 지역에서 자생하던 식물인데 아랍인들이 북아프리카와 이베리아 반도를 점령하면서 이를 옮겨 심었다. 이슬람의 최후의 거점이었던 스페인 남부 도시를 그라나다Granada로 부르는 것은 그 지역에서 석류Granate, pomegranate가 많이 재배되어 그렇게 이름 붙여졌다고 한다.

　수류탄Hand grenade 역시 석류에서 기원했는데 수류탄의 모양이 석류와 비슷하게 생기고 그 안의 수많은 파편은 수백 개의 씨앗을 품은 석류와 닮았으며, 손으로 던지는 유탄이라 하여 수류탄手榴彈으로 이름 붙여졌다.

　석류의 꽃말은 원숙미이다. 송나라 재상이자 시인 왕안석은 석류꽃의 아름다움을 '짙푸른 잎사귀 사이에 피어난 한 송이 붉은 꽃'이라고 노래했다. 그의 〈영석류시詠石榴詩〉에는 다음과 같은 구절이 있다.

"많은 푸른 잎 가운데 한 송이 붉은 꽃
萬綠叢中 紅一點(만록총중 홍일점)
사람을 움직이는 봄빛 많은들 무엇 하리.
動人春色 不須多(동인춘색 불수다)"

이 구절로 인해 홍일점紅一點이 '뭇 남성들 틈에 유일한 여자'라는 뜻이
되었다. 한편 석류는 열매가 많아 다산의 복을 의미하기도 했다. 오늘날
에도 유대인들이 초막절을 지킬 때 초막 안에 석류를 집어넣는데 이러
한 풍습 역시 다산과 연관되어 있다. 그래서인지 석류 즙을 마시면 아기
를 잘 낳는다는 속설이 있다.

우리나라와 중국에서도 석류는 다산과 풍요를 상징해 옛날 민화나 혼
례복 등에 석류 문양이 등장한다. 우리나라에서는 석류를 심으면 자손이
흥하고 부귀가 늘 함께 한다고 하여 양지바른 정원에 석류를 즐겨 심었다.

또한 석류는 영양학적으로도 비타민A부터 E까지 다양한 비타민과 칼
륨, 철분, 칼슘 등 미네랄이 풍부하게 들어 있다. 특히 씨앗을 싸고 있는
막에는 천연 여성호르몬 에스트로겐 성분이 함유되어 있어 여성의 과일
이라 불린다. 실제로 중국 양귀비와 이집트의 클레오파트라가 매일 석류
를 먹은 것으로도 유명하다.

다양한 쓰임새의
올리브나무

나무에 공동체 정신이 있다?

《성경》에는 감람나무 이야기 역시 많이 나온다. 성경에서 말하는 감람나무가 바로 올리브나무다. 창세기에 노아의 홍수가 끝난 후 비둘기가 물고 온 나뭇가지도 올리브나무이며 〈신명기〉를 보면 하느님께서 올리브나무 열매를 딸 때 가난한 사람들을 위해 열매를 조금 남겨 두라고 말씀하신 내용이 나온다.

마라톤 선수의 머리에 씌워주는 월계관은 바로 올리브나무 나뭇가지를 꼬아서 만든 것이다. 그리스 사람들은 월계관을 쓴 사람이 월계수의 생명력을 전달받는다고 믿었다.

올리브나무가 척박한 사막성 기후의 땅에서 살아남기 위해서는 뿌리를 땅속 깊이 내려야 한다. 그리고 뜨거운 태양 아래서도 살아남으려면 성장속도를 늦추고 나이테를 겹겹이 짧게 쌓아 수분증발을 최소화하여야 한다. 이렇듯 올리브나무는 생존을 위해 심은 지 15년 동안 뿌리만 내린다. 그렇게 뿌리를 깊게 내린 연후에야 비로소 첫 열매를 맺는다.

올리브나무 열매의 첫 기름은 가장 좋은 기름이기에 왕의 머리부음과 사제서품에 쓰인다. 올리브나무는 깊은 뿌리 덕분에 바위투성이 땅에서도 살아남아 1,000년 이상 열매를 맺는다. 예루살렘 겟세마네 동산의 올리브나무들도 수령이 거의 1,000년 이상이다. 심지어 예수 이전에 심은 수령이 2,300년이 넘은 것도 있다.

올리브나무가 오래 살 수 있는 이유는 독특한 면역체계 때문이다. 메뚜기 떼가 공격해서 올리브나무를 갉아 먹으면 올리브나무는 독특한 화학성분을 합성하여 냄새를 분비하는데 이것이 바람에 날려 옆의 나무에 옮겨진다고 한다. 옆의 올리브나무들은 그 신호로 메뚜기 떼의 공격을 막는 화학물질을 만들어내기 시작한다. 그래서 먼저 공격당한 나무는 죽을지언정 옆의 나무들을 살리게 된다. 자기 한 몸을 희생해 공동체를 살리는 것이다.

고대 가나안에서는 재산의 많고 적음을 따질 때 그가 가지고 있는 양들과 올리브나무들의 수를 세어 가치를 매겼다고 한다. 그만큼 올리브나무는 귀한 가치가 있었던 식물이었다.

오늘날 지중해 사람들의 건강 비결로 꼽히는 올리브유와 와인은 전 세계적인 인기 식품이기도 하다. 올리브유가 건강에 좋다는 것은 고대 사람들도 잘 알고 있었던 듯하다. 사막성 기후 가나안 광야에는 올리브나무가 많이 자랐고 가나안 사람들은 기원전 3,000년경부터 올리브유와 포도주, 소금, 말린 생선을 가지고 해상교역을 시작했다. 인류 최초로 원거리 항해를 시작해 지중해 교역망을 구축한 사람들인 것이다. 기원전 2,000년경에 가나안 사람들은 멀리 영국의 남부 콘웰 지방에서 발견된 대량의 주석을 소금과 올리브유, 포도주를 주고 바꾸어왔다. 이로써 유럽에 청동기문명이 만개될 수 있었다.

가나안 사람들이 지중해 교역 거점지역을 넓혀 나가는 과정에서 자연스럽게 이들 올리브나무를 그리스 지역과 이탈리아 그리고 스페인 등지로 순차적으로 옮겨심기 시작했다.

투자 귀재, 탈레스

올리브는 평화와 풍요를 상징하는 나무이기도 하다. 이와 연관된 유명한 그리스·로마신화도 있다. 바다의 신 포세이돈과 지혜의 여신 아테나가 케크로피아를 서로 다스리겠다며 제우스에게 간청했을 때, 인간들에게 필요한 것을 줄 수 있는 신이 케크로피아의 수호신이 될 수 있다는 결론이 내려졌다.

포세이돈은 삼지창을 휘둘러 큰 바위를 부순 다음 아름다운 말Horse과 샘을 만들어냈다. "내가 줄 것은 말이다. 너희들은 이 말을 타고 달려 나가 적을 무찌를 수도 있고, 무거운 물건도 나를 수 있다. 또 쟁기를 매달아 밭을 갈 수도 있다."

반면 아테나는 창으로 땅을 내리쳐 한 그루의 나무가 솟아나게 했다.

나무는 자라나 가지를 뻗으며 수없이 많은 푸른색 열매를 맺었다. "내가 줄 것은 이 올리브나무다. 한낮에는 시원한 그늘을 만들어줄 뿐만 아니라 도시를 아름답게 꾸며줄 것이다. 무엇보다 이 열매에서 나는 기름은 너희의 생활을 풍요롭게 해줄 것이다."

말은 투쟁을, 올리브 나무는 평화와 풍요를 상징했다. 사람들은 고민 끝에 올리브를 선택했다. 그때 이후로 이 도시는 여신의 이름을 따 아테네라 불리게 되었다는 것이다.

그런 신화 덕분일까? 그 뒤 고대 그리스에서 올리브는 여러모로 의미 있는 식물이다. 탈레스가 살던 시대에는 올리브유는 '황금의 액체'로 불렸다. 올리브유는 식용유 이외에도 밤을 밝혀주는 등불이자 치료용 약품이기도 했다.

고대 그리스 철학자 탈레스와 관련된 일화도 있다. 올리브의 다양한

용도와 수요에 주목한 그는 올리브 흉년이 든 이듬해 풍년이 올 것을 예상하고 올리브기름을 짜는 착유기를 모조리 사들였다. 흉년이 들어 필요 없어진 착유기를 헐값에 팔아넘긴 사람들은 풍년이 들자 자신들이 판 금액의 몇 배에 해당하는 값을 치르고 탈레스의 착유기를 빌려야 했고 탈레스는 이를 통해 막대한 수익을 거둘 수 있었다.

올리브나무 이야기는 우리에게 많은 것을 시사해준다. 개인이나 국가도 뿌리가 튼튼해야 하고, 공동체를 위해 서로 협력해야 좋은 결실을 맺는다. 다양한 올리브 음식을 드실 때 가끔은 이 이야기들을 기억해주시기 바란다.

지중해식 요리가 건강식인 이유

지중해가 접한 스페인, 이탈리아와 미국 모두 살아보았던 내 경험에 비추어보면 스페인과 이탈리아에서는 미국에서와 같은 고도비만을 거의 볼 수 없었다. 왜 그럴까?

바로 그들이 좋아하는 음식 덕분이다. 레드 와인과 올리브, 토마토, 마늘 이 사천왕은 모두 혈관과 심장을 튼튼하게 만드는 재료들이다. 스페인과 이탈리아 사람들은 식사할 때 거의 습관적으로 와인을 곁들인다. 와인이 기름진 음식 맛을 말끔히 씻어내주기 때문이란다.

의학적 의견을 보면, 포도의 폴리페놀은 혈관을 확장시켜 협심증과 뇌졸중을 포함한 심장병의 가능성을 줄인다. 레드 와인에 포함되어 있는 유용한 콜레스테롤인 HDL이 동맥에 있는 나쁜 콜레스테롤을 없애고 레스베라트롤은 복합 항균작용을 해 혈청 콜레스테롤을 낮춰 줌으로써 혈관을 더욱 튼튼하게 만든다. 레드 와인을 일주일에 2잔 이상 마시는 사람은 그렇지 않은 사람보다 신장암에 걸릴 가능성이 40% 정도 낮다고 한다.

또 스페인과 이탈리아 사람들이 좋아하는 파스타를 비롯한 요리 대부분은 올리브오일로 만든다. 이 올리브오일은 식물성 기름 중 가장 불포화지방이 많고, 주 성분인 올레인산은 혈관 내 좋은 콜레스테롤은 높이고 나쁜 콜레스테롤은 낮춰준다.

그리고 스페인과 이탈리아 요리에 가장 많이 들어가는, 필수적인 채소는 바로 토마토이다. 이탈리아 사람들은 토마토를 생으로 먹고, 갈아서 먹고, 주스와 케첩을 만들어 먹고, 심지어 구워 먹고 삶아 먹는다. 이 토마토가 항암작용은 물론 뼈 건강, 혈관 건강에 두루 좋다고 알려져 있다.

게다가 그들은 서양 사람치고는 마늘을 좋아한다. 대표적인 음식이 알리오올리오 파스타다. 마늘 역시 고대 때부터 사용한 유명한 강장제로 심장과 혈관 건강에 좋다고 한다. 자, 오늘은 토마토와 마늘을 올리브유에 볶아 레드 와인 한잔과 곁들이면 어떨까?

광야의 꿀,
대추야자나무

사막의 생명나무

세상에서 가장 단 과일로 알려진 대추야자는 대추야자나무의 열매이다. 대추야자나무는《성경》에서 종려나무로 등장하는데, 본래 사막에서만 자란다. 재배에 적합한 조건은 강수량이 많지 않은 모래땅으로 꽃이 피어 성숙할 때까지 비가 오지 않아야 하니 그야말로 사막을 상징하는 식물인 셈이다.

서기 70년 로마제국은 골칫거리였던 유대와의 전쟁에서 승리한 후 이를 기념해 동전을 발행했다. 그 동전에 로마를 상징하는 로마 군인과 유대 국가를 상징하는 대추야자나무와 그 밑에 무릎 꿇고 있는 유대인 여자를 새겼다. 이렇듯 대추야자나무는 이스라엘과 유대 땅 가나안의 상징으로《성경》에 많이 나오는 귀중한 식물이다.

대추야자는 광야에서 먼 길 떠나는 사람들의 필수불가결한 식량이다. 대추야자는 그야말로 나뭇가지가 꺾일 정도로 주렁주렁 열리는데 이 때문에 오래전부터 다산의 상징이 되었다. 지금도 예리코 오아시스 근처에는 대추야자나무가 즐비하고, 큰 나무는 매해 200~250kg의 열매를 생산한다.

먹거리가 부족한 사막 사람들에게 대추야자는 당분과 탄수화물의 공급원이다. 100g당 266kcal로 열량이 높아 2개만 먹어도 식사 대용이 되고 비타민과 무기질도 풍부해 생명을 유지하는 식량이 된다. 실크로드가 개발되고 대상들이 먼 길을 왕래할 수 있었던 것도 대추야자 덕분이었다.

'젖과 꿀이 흐르는 가나안 땅'이란 표현에서 젖이란 양젖을 말하며, 꿀이란 대추야자가 뜨거운 태양열에 녹아 마치 꿀같이 흘러내리는 모습을 표현한 말이라고 한다. 곧 양 떼가 많고 꿀같이 맛좋은 열매가 풍족하여 살기 좋은 땅이라는 말이다.

《성경》에서 축복받은 7가지 식물이란 밀, 보리, 포도, 무화과, 석류, 올리브, 대추야자(꿀)를 뜻한다. "네 하느님 여호와께서 너를 아름다운 땅에 이르게 하시나니 그곳은 골짜기든지 산지든지 시내와 분천과 샘이 흐르고 밀과 보리의 소산지요 포도와 무화과와 석류와 감람나무와 꿀의 소산지라."(〈신명기〉8,7-8) 이후 유대인들은 이 7가지 식물들로 제사를 드리게 된다.

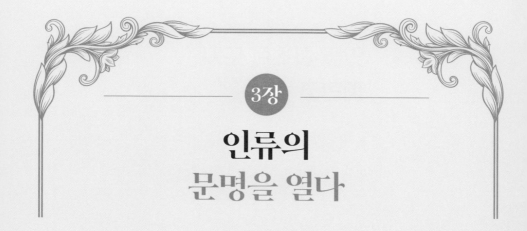

3장

인류의
문명을 열다

고흐_씨 뿌리는 사람

인류 최초의 도시 예리코에서 인간은 마을을 이루고 성벽을 쌓았다. 이는 이미 상업과 교역이 발전했음을
뜻한다. 황야에서는 귀중한 식량인 보리와 밀, 대추야자와 소금 거래가 활발히 이루어졌던 것으로 보인다.

인류 최초의 도시
예리코

인류 최초의 도시, 예리코

인류 최초의 도시는 어디일까? 가장 유력한 설은 기원전 9,000년 경부터 시작되었다고 추정되는 현 팔레스타인의 도시 예리코_{Jericho}이다. 《성경》에서 축복받은 일곱 식물이 자라는 곳이자 사해 인근의 도시이기도 하다.

예루살렘과 암만을 연결하는 중간쯤 위치한 예리코는 강물이 뱀처럼 똬리를 틀며 사해로 들어가는 계곡의 들판 한가운데 있다. 예루살렘 북동쪽 36km, 사해 북서쪽 11km, 해발이 바다 밑 258m인 예리코는 지상에서 가장 낮은 도시다. 그곳 오아시스 근처에는 키가 15m가 넘는 대추야자 나무들이 신기할 정도로 쑥쑥 자라고 있다. 그래서 《성경》에서는 예리코를 종려나무 도시라 부르기도 한다.

예리코가 세워진 가나안은 《성경》에서 '젖과 꿀이 흐르는 땅'이라고 칭한 것처럼 풍요로운 곳은 아니었다. 반대로 인간이 살기에 쉽지 않은 황량하고 메마른 광야이지만, 인간이 살아가는 데 꼭 필요한 몇 가지가 준비되어 있었다.

인간이 살아가는 데 꼭 필요한 요소는 물, 식량과 불 이외에도 2개가 더 있는데 소금과 땔감이 그것이다. 그러다 보니 인류는 물

┃ 팔레스타인과 예리코 지도

가 근처에서 식량과 소금을 구할 수 있는 범위 내에 모여 살아야만 했다. 가나안 황야 한가운데는 오아시스와 식량인 보리와 밀밭 그리고 종려나무 열매와 사해의 소금이 있었다.

예리코가 최초의 도시가 될 수 있었던 가장 큰 이유는 위치에 있다. 교통의 요충지이자 남북 통상로인 계곡 길 한 가운데 위치했으며, 인근 요단강 강폭이 좁아 건너다니는 사람들이 많았고 오아시스도 있어 사막 대상들의 중간 집결지 역할을 할 수 있었다.

예리코 지역 사람들은 거주지 근처 요단 계곡지대에 밀과 보리를 재배하기 위한 밭을 만들었다. 겨울에 밀과 보리농사를 지으려면 200mm 이상의 비가 내려야 한다. 사람들은 우기 때 유대광야와 산지에 내린 비가 계곡지대에서 샘으로 분출되는 것을 농사에 사용했다.

성벽과 탑은 주변 유목민족들로부터의 외침을 막기 위한 자구책으로 보이며 사회 조직이 존재했었다는 사실을 말해준다. 샘 옆에서 돌을 쌓아 만든 제단과 뼈로 만든 용기가 발견되었는데 탄소연대 측정법을 통해 조사한 결과 1만 2,000년 전의 것으로 밝혀졌다.

사실 예리코는 오늘날의 기준에서는 도시라 부르기에 민망할 정도의 규모다. 넓이는 4만m^2에 성의 길이는 대략 300m에 너비가 160m에 불과하고, 인구는 2000~3000명으로 추정된다. 하지만 문명이 아직 이루어지지 않았다고 믿던 시대의 도시가 발견된 것은 대단한 고고학적 성과였다.

세계 문명사의 숨은 주인공, 소금

수메르 문명의 비밀

야생염소는 절벽에 붙어 있는 소금을 핥기 위해 수직 암벽을 기어오른다는 사실을 아는가? 염소라는 말 자체가 '소금을 좋아하는 소', '수염 난 소'라는 뜻에서 유래했다고 한다. 야생염소나 산양은 염분이 모자라면 이빨과 발톱이 약해져 먹이를 제대로 먹을 수 없고 활동도 약해져 천적들에게 잡아먹히기 쉽다. 그들이 소금을 구하기 위해 목숨 걸고 절벽을 기어오르는 이유이다. 동물들이 소금이 없으면 살 수 없는 것처럼 인간도 마찬가지다.

사실 소금은 수렵 위주의 생활을 하던 시대에서는 그리 중요한 자원이 아니었다. 고기에는 기본적인 염분이 포함돼 있어 따로 소금을 섭취할 필요가 없었기 때문이다. 그러나 인간이 한 곳에 정착해 농사를 짓는 농경생활을 시작하게 되면서 생리적으로 소금이 필요하게 되었다.

농경으로 인해 잉여 생산물이 발생하자 사유제가 발생했다. 계급의 분화를 바탕으로 공동체가 커지면서 관개시설 건설 등에 필요한 여러 가지 통치 수단이 필연적으로 발생할 수밖에 없었다. 그렇게 만들어진 관개시설과 농기구의 발달로 농업 생산량은 더욱 늘어나고 이는 주변 지역과의 교역에 필요한 자본이 되었다. 이후 메소포타미아 강 하류에 수메르 문명이 꽃 피면서 기원전 5,300년경부터 에리두를 필두로 도시국가들이 하나둘 탄생하기 시작했다. 그리고 주택, 성벽, 지구라트 등 도시 건축과 설형 문자 그리고 함무라비 법전 등이 생겨나 인류사에 지대한 영향을 미치게 된다.

장거리 해상무역의 기원

기원전 3,000년경 가나안 해안지역에 살던 사람들은 등 뒤에 해발 3,000m 거대한 레바논 산맥을 두고 바다로 진출할 수밖에 없었다. 그들의 최초 수출 품목은 가나안 지역의 특산물로 만든 올리브유와 포도주 그리고 생선을 햇볕에 말린 건어였다. 그 후에는 큰 배를 만들 수 있는 레바논 산맥의 삼나무, 즉 백향목이 수출 품목에 추가되었다. 이 삼나무로 인해 인류는 비로소 먼 거리 항해가 가능해졌다.

가나안 사람들은 이 삼나무로 뗏목을 만들어 항해해 이집트에 가서 팔고, 이집트에서는 소금호수 밑바닥의 소금 덩어리(조염)를 샀다. 이를 끓는 물에 녹여 불순물을 제거한 정제 소금을 만들어 소금이 귀한 지중해 지역에 다시 내다 판 것이다.

지중해 연안은 대부분 깎아지른 절벽이 대부분이어서 소금을 생산할 수 있는 갯벌이 거의 없고 북부 지역은 대체적으로 흐리고 비가 오는 날이 많아 소금생산이 어려웠다. 더 먼 나라에 가서 소금을 팔수록 더 비싼 값을 받을 수 있었다. 이것이 장거리 교역의 근원이 되었다. 당시 소금은 페니키아의 대표적인 무역상품이었다.

청동기시대의 시작

고대 그리스의 지리학자이자 역사가였던 스트라본에 의하면 기원전 2,000년경 가나안 사람들은 소금을 가지고 멀리 영국 남부 콘윌에 도달했다고 한다. 소금과 바꾼 금속은 주석인데, 이를 구리와 섞은 것이 청동이다. 이렇게 유럽 대륙에 대량의 주석이 보급되기 시작하면서 비로소 청동기시대가 만개할 수 있었다.

가나안 사람들은 이러한 장거리 해상교역을 위해 중간 지점에 보급품을 조달 받을 수 있도록 식민도시를 건설했다. 이 식민도시들은 후에 유럽과 북아프리카의 주요 도시들로 성장하게 된다.

주변 나라에서 가나안으로 소금을 사기 위해 사람들이 이동해 만들어진 길이 '해안길'과 '왕의 대로'이다. 이처럼 거래가 활발하고 시장이 발달한 곳에서는 경제가 더 빨리 발전하게 된다. 이를 증명하듯 고대 유럽에서도 소금 생산이 가능한 지중해 연안은 경제적 중심지의 역할을 해 냈다. 당시에는 암염 광산의 개발이 본격적으로 이루어지기 전이라 소금 생산이 가능한 곳은 지중해 해안 중에서도 일부에 한정되어 있었다. 이 렇게 소금을 이용해 지중해 문명을 만든 최초의 사람들이 바로 가나안 사람들이었다.

그리스 사람들은 가나안 사람들이 자주색 옷을 입고 다닌다 하여 그들을 페니키아, 즉 '자주색 옷을 입은 사람들'이라고 불렀다. 이는 페니키아 사람들이 당시로서는 값비싼 보랏빛 염료를 만드는 기술을 보유하고 있었기 때문이다. 페니카아란 이름은 기원전 1,200년 경 가나안 사람들이 해상무역으로 전성기를 누리던 시기부터 불리어진 것으로 추정된다.

태양과 바람의 축복, 천일염

소금은 바닷물만 있으면 쉽게 만들 수 있을 것이라 생각하기 쉽다. 그런데 사실 그리 간단치만은 않다. 바닷물에는 소금이 약 2.5%, 그 밖의 광물이 약 1% 정도 포함되어 있다. 바닷물을 통해 천일염을 얻기 위해서는 먼저 염전을 꾸밀 수 있는 갯벌이 있어야 한다. 또 갯벌은 넓고 적당한 간만의 차가 있어야만 계단식 염전을 꾸밀 수 있다. 그래야 잇달아 연결되어 있는 염전에 바닷물을 옮겨 담아가며 증발시켜 소금을 얻을 수 있기 때문이다. 그런데 지구상에는 이러한 조건을 갖춘 갯벌이 많지 않다.

그리고 기후 또한 물을 빠른 시간 안에 증발시킬 수 있을 정도로 덥고 건조해야 한다. 한 해 동안 연평균 기온이 25도 안팎이어서 물의 증발량이 일정 기준 이상이 되어야 하고 건기와 우기가 뚜렷해야 한다. 비가 적게 내리고 주변으로는 큰 산지가 없어 적당한 바람이 불어야 한다. 이쯤 되면 소금 만들기가 간단치 않다고 느껴질 것이다. 오늘날조차도 바닷가 염전에서 얻는 천일염은 전체 소금 생산량의 37% 정도에 지나지 않고, 나머지 61%는 땅속에서 얻는 암염이다.

고대 유럽에서는 귀한 손님이 오면 그 앞에 소금 그릇을 놓아주었다. 레오나르도 다빈치의 명화 〈최후의 만찬〉에서도 돈 주머니를 움켜쥐고 있는 유다 앞에 소금 그릇이 엎어진 것을 볼 수 있다. 유다가 그리스도와의 약속을 어기고 배신할 것을 표현한 것이다.

이처럼 소금은 기독교에서도 신과 인간, 인간과 인간과의 약속을 상징한다. 세례식에 소금을 사용했던 때도 있었고 《구약성서》에는 신과 사람의 영원히 변하지 않는 거룩한 인연을 '소금의 계약'이라고 표현했다.

역사 속에서 소금은 농민 반란의 불씨로 작용하기도 했다. 프랑스 혁명도 소금세인 가벨 gabelle 의 과도한 부과가 원인이 되었고, 당나라 말 황소의 난도 소금 밀매 조직들 때문에 일어났다. 우리가 익히 알고 있는 인도 민족운동 지도자 간디도 소금세에 반대해 비폭력행진을 했다.

영국은 소금세를 폐지한 최초의 국가였지만 식민지 인도에는 소금세를 계속 무겁게 부과했다. 영국 정부가 인도의 소금세를 두 배로 올리자 간디는 이에 저항하고자 이른바 '소금행진'을 시작했다. 1930년 4월 6일 간디의 무저항주의 소금행진은 수천 명과 함께 3주간 400km를 걸어 바다까지 향했다. 간디가 바닷가에서 집어 든 한 줌의 소금은 인도의 조국독립을 상징했다. 결국 소금은 인도의 역사를 바꾸는 데에도 일조를 한다.

중국 발전에 중추적 역할을 한 소금

기원전 3,000년경부터 쓰촨 지방 중심으로 소금 생산을 시작한 역사를 가진 중국에서는 이를 관리하는 염인鹽人이라는 관직이 있을 만큼 소금을 귀하게 다루어왔다.

기원전 221년 진시황이 중국을 통일할 수 있었던 중요한 힘의 원천도 바로 밀과 소금이었다. 중국에서 진나라가 밀 농사를 가장 먼저 받아들인 덕분에 진은 경제적으로 가장 먼저 안정된 나라가 될 수 있었다. 거기에 결정적으로 군사적 힘까지 더해졌는데 '쇠뇌'라는 기계식 활의 개발이다. 당시 중원에는 검과 창이 대세였는데 사거리가 긴 쇠뇌는 첨단무기의 출현이나 다름없었다. 여기에 소금과 철의 강력한 독점적 전매제도로 국가 재정이 풍족해진 것이 중국 통일을 이룩한 힘의 근원이 되었다.

중국 최초의 소금 전매제도는 기원전 7세기 제나라에서 실시되었지만 이를 전국 단위로 강력하게 시행한 왕은 진시황이었다. 진시황이 강력하고도 신속한 군대를 운용한 비결 역시 소금에 있었다. 보통 부대가 이동할 때는 식량과 보급품을 지원하는 보급부대가 뒤따라 다녀야만 한다. 그런데 진시황은 군대가 소금 독점판매권을 갖게 만들어 군부대가 소금을 팔아 보급부대 지원 없이도 주둔 경비를 해결하도록 했다. 이를 통해 진시황의 군대는 기동력이 빠르고 사기가 충만할 수 있었다. 진시황은 이를 바탕으로 만리장성과 아방궁 등 건설사업도 추진하였다.

그뿐만이 아니다. 위·촉·오 시대에도 소금이 나라 발전의 촉매역할을 했다. 바다가 멀어 소금을 구하기 불리한 위치에 있던 촉나라는 지하염수를 이용하여 소금을 만들겠다는 생각을 해냈다. 당시로서는 고도의 시추 기술로 지하 1km 이상을 파내려가 염수를 끌어올렸고 이를 큰 솥에 끓여 소금을 얻어낸 것이다. 지하에서 소금을 캐내는 과정에서 석유와 천연가스까지 발견해 연료로 쓰기까지 했으니 일석이조였다. 훗날 이 시추 기술은 미국의 석유 개발에도 긴요하게 쓰였다.

우리나라 건국의 일등공신

한민족도 소금과는 뗄 수 없는 사이이다. 고구려, 백제, 신라가 건국 때 우선적으로 확보한 지역이 바로 소금 산지인 바닷가 갯벌이었다. 특히 서해안은 지형이 완만하고 수심이 얕아 조수 간만의 차가 커 대규모 염전을 만들기에 수월했다. 우리 조상들은 이러한 천혜의 갯벌을 고대로부터 제염에 이용했고 삼국시대에는 진일보한 자염을 만들었다. 소금은 우리나라에서도 국가 건국에 매우 중요한 요소였다. 고구려나 백제의 건국 신화에서도 소금 장수 이야기가 들어 있다.

자염은 어느 정도 갯벌에서 바닷물을 증발시키고 난 뒤 소를 이용한 써래질로 염도를 높인 후 마지막에 가마솥이나 토기에 넣고 끓여 소금을 만드는 방식이었다.

서해의 갯벌로 인해 중국과 달리 소금을 전매제도로 묶어두지 않고 누구나 자유롭게 생산하고 판매할 수 있었다. 이러한 자유로운 소금 유통과 풍부한 생산량 덕분에 일찍부터 시장이 발달해왔다.

고조선이 복합궁을 사용한 배경은?

고조선 예맥족이 물소 뿔로 만든 복합궁은 탄력성이 좋아 사거리가 길고 1분 안에 6발 이상 쏠 수 있으며 적중률도 높았다. 맥족이 만들었다 하여 '맥궁' 또는 뿔로 만들었다 하여 '각궁'이라고도 부른다. 당시 중국 활의 사거리가 50~100m인데 비해 복합궁의 사거리는 180~360m였다. 그런데 물소가 살지 않던 우리나라에서 어떻게 복합궁을 만들었을까?

고구려 유성시장은 하루에도 수 만 명의 국내외 상인들이 몰려드는 국제적으로 유명한 시장이었다. 여기서 남방 상인들이 소금과 바꾸기 위해 물소 뿔을 많이 들고 왔기 때문에 복합궁도 발달할 수 있었다. 우리 민족이 고대 때부터 활을 잘 쏘는 이유는 바로 이 복합궁 덕분이다.

그밖에도 소금은 여러 곳에 소금 유통 중심지를 만들어주었다. 마포가 좋은 예로 마포동과 용강동 일대의 마포 나루터는 조선시대부터 소금과 새우젓 집산지로 유명했고, 마포염이라는 나름의 소금 브랜드까지 만들어냈다. 염전 하나 없는 마포가 소금 유통의 중심지가 될 수 있었던 까닭은 마포나루 상인들이 한강 수로를 이용해 서해, 충청, 전라도까지 소금과 새우젓을 공급한 것에 있다.

서울의 염리동이나 염창동도 소금창고가 위치해 붙여진 지명이다. 이밖에도 이순신 장군이 여수 지역에서 소금을 생산해 군수물자를 충당한 것, 어사 박문수가 낙동강 하구에서 소금 생산을 장려한 일에서 알 수 있듯이 우리 역사에서 소금은 힘을 실어주는 구원투수 역할을 톡톡히 해냈다.

세계 경제사에서 빛을 보았던 국가나 도시 대부분은 소금 전매제도에 힘입어 번성한 곳이 많다. 실제로 인류가 지금처럼 자유롭게 소금을 사먹을 수 있는 것은 근래에 들어서의 일이다. 우리나라만 해도 고려 충렬왕 14년(1288)에 처음으로 소금 전매제도를 시행해 염전에서 세금을 거둔 이래 1961년까지 지속해 왔다. 소금이 우리나라에서 자유롭게 유통되기 시작한 시기가 이제 겨우 60년이 되는 셈이다.[2]

쌀밥의
기원을 찾아서

쌀의 기원

우리나라 사람들의 주식이자 밥심인 쌀은 현재 세계 인구의 3/5이 주식으로 먹고 있다. 이러한 쌀의 기원에는 여러 가지 설이 있는데 기원전 7,000년경 인도나 동남아시아에서 비롯되었다는 설이 유력했다. 그도 그럴 것이 쌀은 주로 물이 풍부하고 따뜻한 기후에서 잘 자라기 때문이다.

벼농사가 황하 유역에 약 5,000년 전에 도달했다는 설은 우리나라에는 중국을 통해 벼농사가 유입되었다는 이야기로 이어진다. 쌀은 이란을 거쳐 카프카스, 시리아와 소아시아까지 전해졌고 아랍인들이 유럽에 진출하면서는 터키를 지나 발칸반도까지 전파되었다. 아메리카 대륙으로는 상대적으로 늦은 16세기 초나 되어서야 처음으로 브라질에 도달했다고 한다. 이렇게 보면 쌀은 밀이나 보리에 비해 역사적 시작이 조금 늦은 편이었다.

그러다 1993년 중국 후난湖南성 옥섬암 동굴에서 약 1만 1,000년 전 볍씨가 발견되면서 쌀의 기원이 중국으로 바뀌었다. 그런데 얼마 안 되어 중국보다 앞서 우리나라에서 세계 최초의 쌀농사가 이루어졌다는 놀라운 증거가 발견되었다.

충북 청원군 옥산면 소로리에서 1997~1998년 지표조사 중에 구석기 유물들과 함께, 고대 볍씨 59톨이 발견된 것이다. 분석 결과 출토된 볍씨는 야생 벼가 아닌 재배 벼이고, 1만 3,000년에서 1만 5,000년 전의 것으로 밝혀졌다. 그뿐만 아니라 찍개, 긁개, 홈날, 몸돌, 격지 등 구석기 유물도 함께 발견되었다. 이것은 확실한 최초의 벼 경작 흔적이었다.

이후 한국선사문화연구원은 영국 케임브리지대에서 개발한 탄소연대측정계산법 적용 결과 소로리 볍씨의 절대 연대는 기원전 1만 5118년으로 밝혀졌다고 발표했다. 이를 통해 'Oryza sative coreaca(오리자 사티바 코레아카)', 즉 '한국의 고대벼'라는 학명도 붙여졌다.

우리나라에서 쌀농사가 세계 최초로 이루어졌다는 말은 상당한 의미를 지닌다. 농사를 짓기 위해 공동체 형성이 빨리 이뤄졌다는 뜻이며 한반도가 쌀농사에 적합한 곡창지대였다는 것을 의미하기 때문이다. 밀농사와 달리 쌀농사는 매우 까다로워 기후나 수량 등 조건이 쌀농사에 맞아야 하기 때문이다.

벼농사에서 '국가'가 출현

쌀농사는 씨족사회 발전과도 연결된다. 보리나 밀과 달리 쌀농사는 많은 사람들의 힘을 필요로 하기 때문이다. 다시 말해 논을 만들고 물을 대기 위해서는 수많은 사람의 협력이 필요하다. 쌀농사에 필수적인 모내기와 벼 수확, 배수 작업을 공동으로 하는 과정에서 두레와 마을공동체가 형성된다. 고대 한반도는 쌀농사를 통해 씨족 공동체가 발달해 부족사회를 형성하고 대규모 치수사업의 필요성으로 국가의 등장도 타 지역에 비해 빨랐을 것으로 추정된다.

실제로 고대 봉건국가에서는 물을 다스리는 치수가 가장 중요한 정치 행위이자 왕의 업적이 될 만큼 중요했다. 즉, 고대 동양에서 치수는 곧 정치였던 것이다. 이처럼 쌀은 국가를 만들어내는 대단한 능력을 지닌 농작물이다.

쌀은 밀과 보리 등 다른 작물에 비해 생산성이 뛰어나다. 15세기 유럽에서는 밀을 뿌려 수확한 양이 종자 대비 3~5배에 불과했다. 현재도 밀은 20배 정도의 수확량밖에 얻지 못한다. 반면 벼는 17세기 무렵 종자 대비 20~30배의 수확량을 얻을 수 있었고 현재는 120~140배의 수확량을 올리고 있다.

쌀의 생산성이 이렇게 높은 이유는 수생식물이 아니면서도 뿌리가 물 밑에서 자랄 수 있다는 점에 있다. 농사의 최대 골칫거리인 잡초에게 영양분을 뺏기지 않기 때문이다.

쌀은 전 세계 110여 개 국에서 재배되고 있지만 아시아에서 생산되는 양이 전체 생산량의 90%가 넘는다. 면적당 생산량이 많은 쌀은 인구 부양력도 높아 쌀 생산지는 인구 밀도가 높다. 중국, 인도, 한국, 일본이 인구가 많은 이유이다. 우리나라는 쌀농사의 북방한계선으로 일본이나 동남아처럼 2모작, 3모작이 불가능해 조선 초기에 일본에 인구 역전을 당하게 된다.[3]

조선이 뒤쳐진 이유

한민족이 일찍 쌀농사를 시작했음에도 조선시대에 이르러 중국이나 일본에 뒤처진 이유 중 하나는 조선이 개국 초부터 모내기, 즉 이앙법을 법으로 금지했기 때문이다. 모내기는 고려 말부터 이미 우리나라에 소개된 농법으로 벼의 모종을 모판, 즉 못자리에 뿌려 일정 시기까지 키운 뒤 이를 본격적으로 성장하는 시기에 물을 댄 논으로 옮겨 심어 재배하는 방식을 말한다.

태조 6년, 1397년 《경제육전》의 이앙법 금지는 18세기 말까지 400년가량 이어졌다. 지배층이 저수지 등 관개시설이 발달하지 않아 가뭄이 들면 농민들의 생계가 위험해질 수 있다는 판단한 것이다.

이앙법의 이점은 우선 잡초를 솎는 데 필요한 노동력을 절약할 수 있다는 점이다. 직파법으로 벼를 재배할 경우 4, 5회 제초작업을 해야 하지만 이앙법은 2회의 간단한 제초작업만으로도 충분해 노동력의 80%가 절감된다. 또한 묘를 본 논으로 이식하기 전에 부실하게 자란 묘를 제거하고 튼튼한 모만을 선택해 기를 수 있기 때문에 수확량이 2배로 늘어나게 된다.

이런 모내기는 중국에서는 당나라 때 개발되어 12세기 남송시절부터 보편화되었고 일본에서도 14세기부터 보급되었다. 이앙법을 실시한 이후 중국은 인구가 1억을 넘어섰다. 반면 우리나라 인구는 16세기말에 1,000만 명을 넘어서고 정체되기 시작한 반면, 일본은 17세기에 2,000만 명을 넘어섰다.

우리나라에서 이앙법이 최초로 시행된 시기나 장소에 대해서는 이견이 있지만 17세기 중엽 이후 중부 이남인 경상도와 강원도 일부라고 추정된다. 이앙 시기에 맞추어 이를 뒷받침할 저수지 등 관개시설을 만들 생각은 하지 않고 400년간 모내기를 금지한 조선왕조의 실책이 뼈아프다.[4]

세계 곳곳의 쌀 요리

쌀은 그 깊은 역사만큼이나 세계 곳곳에서 다양한 형태로 그 흔적을 남겼다. 특히 '아시아는 밥, 유럽은 빵'이라는 말처럼 쌀을 주식으로 하는 아시아에서 쌀 음식이 더욱 다양하게 나타난다. 우리나라만 해도 쌀을 가지고 할 수 있는 음식들을 보면 밥, 떡, 한과, 막걸리, 식혜 등 무궁무진하게 많으니 말이다.

그럼 쌀 요리에는 무엇이 있을까? 독자들은 가장 먼저 베트남 쌀국수 포Pho를 떠올리실 것 같다. 베트남 북부에서 프랑스 수프의 영향을 받아 생긴 쌀국수는 베트남이 분단되면서 남으로 전해졌다. 동남아가 유독 쌀국수로 유명한 까닭은 밀로 국수를 만들 수 있었던 동북아 지역과는 달리 열대지방의 특성상 밀이나 메밀 같은 작물을 기르기 어려워 대신 풍부하게 자라는 인디카종(안남미) 쌀을 이용하게 되었기 때문이다.

여기에 동남아 특유의 기후문제 때문에 향을 강하게 첨가하다 보니 은은하게 먹는 동북아의 국수와는 다른 방향으로 발달하게 되었다.

한편 말레이시아나 인도네시

아에서는 주로 밥을 기름에 볶아먹는다. 이들이 먹는 인디카종 쌀은 알곡이 가늘고 길며 푸석푸석해 우리가 먹는 쌀과 같은 찰기가 없다. 그래서 이들은 쌀을 기름에 볶아서 먹는데 말레이시아의 나시레막, 인도네시아의 나시고랭이 대표적이다.

또한 흥미로운 쌀 요리 중 하나가 카레라이스이다. 커리 Curry는 아시다시피 인도 요리로 당시 인도를 식민지로 삼은 영국의 영향을 받아 발전하게 되었다. 널리 알려지게 된 계기는 1870년대 일본의 한 유학생이 미국행 배에서 커리를 처음 접한 것이라고 한다. 그 후에 일본으로 전해진 커리는 밥과 같이 먹으면서 이름도 일본식으로 발음한 카레라이스가 되었다. 카레의 시초는 인도였는데 대중화는 쌀을 주식으로 하는 일본의 몫이었다.

아시아와 비교해 다양하지는 않지만 서양에도 대표적인 쌀 요리가 있는데

서양에서 벼농사를 가장 먼저 시작한 이탈리아의 리조또가 그것이다. 이름 자체가 쌀을 뜻하는 리소riso와 적음을 나타내는 접미사 토tto가 합쳐져 '짧은 시간에 만드는 쌀 요리'라는 뜻이다. 리조또는 16세기경 밀라노에서 만들어 졌는데 당시 밀라노는 파에야 태생지인 스페인의 지배 아래 놓여 있어 리조 또 탄생에 최적의 환경이었다. 그렇게 만들어진 리조또는 이탈리아뿐만 아니 라 전 세계 사람들로부터 많은 사랑을 받고 있다.

중세 유럽은 요리가 그리 발달하지 못했다. 심지어 식사도 양철 그릇에 담아 손으로 집어 먹던 시절이었다. 메디치 가문 출신으로 프랑스의 왕비가 된 카트린 드 메디시스를 통해 식사 예절과 음식 문화가 도입될 수 있었다.

중세
: 역사를 바꾼 음식 이야기

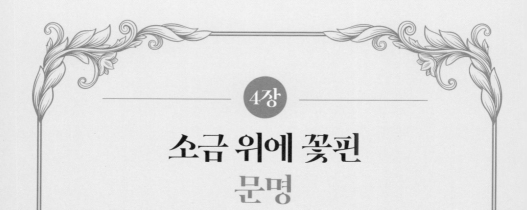

소금 위에 꽂힌 문명

로마의 건국은 소금과 관계가 깊다. 이후 소금 교역은 로마를 부흥시켰으며, 상인들이 만든 소금길은 로마가 세계로 뻗어 나가는 도로의 역할을 하게 된다. 베네치아의 동방교역 역시 소금이 있어 가능했다.

모든 길은
로마로

로마 발전의 원동력을 찾아서

기원전 8세기 테베레강 언덕의 조그마한 산등성에 로마가 건국되었다. 작은 도시국가로 시작한 로마가 발전할 수 있었던 이유는 무엇일까? 빼놓을 수 없는 것이 바로 소금이다. 좀 더 자세히 말하자면 소금을 만드는 해안가 염전과 소금을 운반하는 소금길이 로마를 부흥시켰다고 할 수 있겠다.

페니키아 시대에 이미 로마 근교 테베레강 하구에는 인공 염전이 있었다. 이것이 유럽 최초의 인공 해안염전이었다. 깎아지른 절벽 투성이인 지중해 해변에는 염전으로 쓸만한 갯벌이 드물었다. 소금을 만들 기후조건도 열악해서 지중해 국가 대부분은 암염을 구했다. 당시 북유럽 내륙 염호나 암염 갱에서 파내어 불로 구워 만든 소금은 생산비도 높았지만 특히 운송비가 비쌌다.

낙타 4마리에 실려 온 소금의 운송비로 3마리 낙타에 실려 온 소금을 내어주어야 할 정도였다. 게다가 오는 동안에 통행세격인 수입세와 관세 등을 많이 물어야 했기 때문에 그 무렵 소금은 생필품인 동시에 대단히 비싼 귀중품이었다. 그래서 로마인들은 금값에 버금가는 소금을 '신들의 선물'이라 불렀다.

이렇듯 큰 이문이 남는 소금 무역에서 가장 큰 문제가 장기간의 내륙 운송이었다. 이와 반대로 테베레강 하구의 소금은 하천을 통해 바로 로마 시내로 운반될 수 있었다. 이렇게 운반된 소금은 로마 건국의 일등공신이 되었다. 정리해보자면 기원전 8세기 로마는 조그만 어촌에서 소금 거래를 하던 상인들이 주도해서 만든 나라라 하겠다.

기원전 640년 로마인들은 로마 인근 항구도시 오스티아에 대규모 제염소를 건설했다. 해안염전에서 증발시킨 소금물을 토기에 담고 끓여 소금덩어리가 만들어지면 그것을 가공했다. 하천을 통해 배로 운반된 소금은 품질도 좋았고 가격도 저렴했다. 하천이 물류혁명을 가능케 한 것이다. 이로써 로마는 소금 유통의 중심지가 되어 대륙으로의 수출길을 열었다.

로마에 질 좋은 소금이 많다는 소문이 퍼지자 유럽 대륙 각지에서 소금 장사꾼들이 로마로 모여들었다. 이들의 왕래가 점점 더 빈번해지자 유럽 각지에서 로마로 향하는 여러 길이 만들어졌다. 소금 유통의 중심지가 된 로마는 점점 더 강성해졌다.

소금을 생산하기 위해서는 많은 땔감이 필요했다. 로마인들은 오스티아 제염소에 땔감을 공급하기 위해 삼림을 남벌했다. 비가 오자 나무가 사라진 땅은 쓸려나가 테베레강에 퇴적물이 쌓이고 강어귀 삼각주는 계속 확장되었다. 이렇게 수세기가 흐르자 오스티아 제염소는 해안에서 점점 더 멀어지게 되어 해안에 다시 짓기도 했다.

길을 가려면 돈을 내시오

무거운 소금을 나르는 상인들은 두 가지 골칫거리를 안고 있었다. 첫 번째는 당시의 울퉁불퉁한 길이고, 다른 하나는 도적들의 공격이었다. 다행히도 이런 문제들에 주목한 힘 있는 자가 있었으니, 영토를 가진 영주였다. 그들은 우선 길을 평평하게 잘 닦아 마차가 불편 없이 왕래하게 해주었고, 자신의 기사들을 시켜 상인들의 안전을 책임져주었다. 물론 공짜가 아니고 통과세를 내야 했다. 이것이 바로 '소금길 세금'이다.

소금길로 상인들만 이득을 본 것은 아니었다. 영주와 도시들도 앉아서 많은 돈을 벌어 들였다. 영주들은 하나둘 서둘러 소금길을 경쟁적으로 만들어 통행세를 거두었다. 얼마 후 이러한 소금길은 유럽 대륙 전역으로 퍼져나가기 시작했다. 소금 상인들이 막대한 부를 축적해가자 사람들은 너도나도 이 돈벌이에 뛰어들었다. 이를 눈여겨본 귀족들도 동참했고, 나중엔 수도원들마저 장사 대열에 끼어들었다. 소금길을 만들던 도시들이 소금 무역에 직접 참여하자, 시의 재정은 점점 불어만 갔다. 이것이 소금 전매제도로 자리 잡게 된다.

소금은 사용가치가 높은 귀중한 교역품이었던 만큼 적에게 소금을 판매할 경우에는 사형을 당하기도 했고 소금 때문에 전쟁이 벌어지기도 했다. 일부 로마 황제들은 인기 유지를 위해 로마 시민들에게 귀한 소금을 무상으로 배급하기도 했다.

해안가에서 만든 소금은 이탈리아 반도를 횡단하여 수도 로마를 경유한 뒤 내륙 각지로 운반되었다. 소금 상인들은 미지의 대륙은 물론 대양을 가로지르고 사막길을 개척하여 무역로를 닦았다. 이미 기원전 4세기 전반에 소금 운반을 위하여 로마로 통하는 모든 길이 완성되었다.

특히 소금과 북유럽의 호박, 모피, 노예가 교환되던 길은 '소금길via salaraia'이라고 불렸다. 나중에 이 길들은 로마 군사들의 원거리 교통로로 이용되어 로마제국 부흥의 기반이 되었다. 훗날 로마 인구가 200만 명에 다다르면서 이 소금길로 운송된 소금 유통량만도 연 1만t이 넘었다. 지금도 로마 근교에서는 소금길을 알리는 표지판을 볼 수 있다.

국가의 전매사업인 소금 수출이 늘어나자 로마는 자연스럽게 부강해졌다. 나라가 잘살게 되자 인구가 로마로 몰려들었다. 결국 "모든 길은 로마로 통한다"는 말도 따지고 보면 소금길에서 유래한 것이다.

Sal, Salad, Salary man

켈트족과의 전쟁에서 승리한 로마는 켈트족의 농업, 소금, 철, 승마술을 바탕으로 부와 문명을 이룰 수 있었다. 소금의 경제적 가치에 일찍부

터 눈을 뜬 로마인은 켈트족의 소금광산뿐만 아니라 다른 나라의 소금 산지도 손에 넣고자 했다.

2세기 로마의 트라이아누스 황제는 소금과 금을 얻기 위해 다치아인 이 살고 있던 땅을 정벌해 유럽에서 가장 큰 암염광산을 획득했다. 이후 이 땅은 '로마인의 땅'이라는 의미의 루마니아로 불려졌다. 이렇게 해안 과 습지, 소금연못 부근에 수많은 제염소가 건설되었다.

로마 초기에는 소금이 화폐의 역할을 해 관리나 군인에게 주는 급료 를 소금으로 지불하였다. 이를 라틴어로 소금이라는 뜻의 살라리움 Sala-rium이라 했다. 그 뒤 로마 제정시대 때부터는 급료를 돈으로 지급했지만 사람들은 여전히 이를 살라리움이라 불렀다. 봉급을 샐러리 Salary라 하고 봉급생활자를 샐러리맨 Salary man이라고 하는 것은 바로 여기서 유래했다.

참고로 'Soldier(병사)' 'Salad(샐러드)' 등도 모두 라틴어 'Sal(소금)' 에 어원을 두고 있다. 채소를 소금에 절인다는 뜻에서 'Salad(샐러드)' 는 Salada(Salted; 소금에 절인)에서 나왔다. 심지어 사랑에 빠진 사람을 'Salax'라 불렀는데, 채소를 소금에 절인 것처럼 사랑에 취해 흐물흐물 해진다고 표현한 것이 재미있다.

이렇게 로마 제국의 부흥은 소금과 관계가 깊다. 그러나 1세기 경 해수면이 높아지면서 염전을 상실한 로마는 흑해에서 소금을 수입하게 된다. 이후 중요한 부의 근원을 상실한 로마의 경제력은 급격히 쇠퇴하기 시작한다.

인공섬
베네치아

피난민들의 도시

오늘날 세계적인 관광지인 베네치아는 사실 훈족의 침공으로 생겨난 도시다. 훈족은 아시아 흉노의 후예들로 유목민족인 그들은 초원의 먹거리가 부족해지면 약탈과 정복전쟁으로 먹고 살았다. 중세의 전형적인 부의 획득 수단이었다.

452년 당시 훈족의 왕 아틸라는 맹렬한 기세로 주변을 정복해 나갔다. 어느 누구도 그를 저지할 수 없었다. 아틸라는 이탈리아 동북부를 침입해 아길레야를 3개월간 포위한 끝에 함락시켰고, 후세 사람들이 폐허조차 발견할 수 없도록 철저히 파괴했다. 이 소문이 퍼져 아틸라는 겁에 질린 밀라노, 파비아 등의 도시에도 무혈 입성할 수 있었다. 그 뒤 이들은 파죽지세로 파도바, 베로나, 브레시아, 베르가모 등 7개 도시를 휩쓸었다.

그 무렵 베네치아 주변 베네토 지방에 살고 있던 사람들은 아킬레야가 훈족에게 비참하게 파멸되었다는 말을 듣고 가슴이 내려앉았다. 훈족이 지나간 자리에는 풀 한 포기 남지 않았다는 이야기를 들었지만 훈족의 공격에 스스로를 지킬 능력이 없었다.

베네토 지방 일대는 바다로 흘러 들어가는 하천에 의해 생긴 평야지대였다. 멀리 떨어진 산으로 달아나더라도 도착하기 전에 훈족에게 붙잡힐 것 같았다. 그런 베네토인들이 선택한 곳은 갈대가 전면에 우거져 있는 얕은 갯벌이었다. 석호 주변의 갈대가 무성한 섬에 숨는 길만이 그들이 살아남을 마지막 방법이었다. 그렇게 그들은 훈족을 피해 갯벌을 지나 섬으로 피난을 갔다.

유목민족인 훈족은 바다하고는 거리가 먼 민족이었다. 예상대로 베네토 지방에 도착한 훈족은 바다 건너 섬은 건드리지 않았다. 말이 늪지대에 빠질까 두려워 더 이상 난민들을 추격하지 못했던 것이다. 고려시대 몽골을 피해 강화도로 피신해 항쟁한 경우와 비슷하다.

당시 로마인들은 훈족을 피해 무사히 섬에 도착하여 "베네티암Veni Etiam(나도 여기에 왔다)"이라고 외쳤다. 베네치아라는 도시 이름은 여기에서 유래했다.

백향목으로 만든 인공섬

　베네치아는 갯벌이 적고 땅이 단단했던 토르첼로섬에서 만들어지기 시작했다. 식수조차 부족한 갯벌지에서 살아남기 위해 베네치아 사람들은 여러 가지 궁리를 해야만 했다. 그들은 고기잡이로 연명하면서 말린 고기와 간혹 갯벌에서 발견되는 흙소금을 인접한 해안지역에서 밀과 교환했다.

　6세기에는 또 다른 이민족인 랑고바르드족이 베네치아에 둥지를 틀었다. 섬에 모여드는 피난민들이 늘어나면서 다른 섬들로 옮겨가는 사람들이 생겨났다. 6세기 말에는 베네치아가 레알토섬을 비롯해 12개 섬 모두로 영역을 넓히면서 얼추 도시로서의 면모를 갖추게 되었다. 베네치아인들은 섬과 섬 사이의 수로를 정비하고 본섬인 레알토섬을 관통하는 S자형의 대운하를 건설해 도시의 핵심 통로로 만들었다.

　이후 외침이 잦아 피난민들이 계속 늘어나자 그들은 인공섬을 만들 궁리를 했다. 그들은 물에 썩지 않기로 유명한 백향목, 즉 해발 2,000m에서 자라는 거대한 레바논 삼나무를 수입했다. 4m 높이의 말뚝을 만들고 이를 갯벌에 촘촘히 박아 나무덩굴로 연결해 고정시킨 후 그 위에 돌을 얹고 흙을 덮어 다졌다. 이렇게 돌과 흙을 교대로 몇 겹으로 쌓아 인공섬들이 만들어졌다. 이런 식으로 베네치아 사람들은 6개의 인공섬 위에 석조건물을 지어 삶의 터전을 점차 넓혀나갔다.

인공섬에도 별 들 날 있다

　이때까지만 해도 베네치아에는 석호의 숭어와 장어, 소금 이외에는 별다른 생산물이 없었다. 그런데 그런 척박한 베네치아에도 기회가 온다. 소금이 효자 노릇을 하게 된 것이다. 7세기 이후 베네치아는 해수면이 내려가 소금 생산에 좋은 조건이 마련되었다. 당시 해수면은 지금보다 1m 이상 낮았다고 한다.

　7세기와 9세기 사이 베네치아에서는 오늘날과 같은 천일염 제조기술이 개발되었다. 여러 개의 염전을 만들고 바닷물의 염도가 점점 높아지면 펌프와 수문을 이용해 다음 단계 염전으로 보내는 방식으로 당시로서는 획기적인 기술이었다.

　당시 우리나라는 '자염'이라는 생산 기법을 사용했다. 어느 정도 갯벌에서 바닷물을 증발시키고 써래질로 염도를 높인 후 마지막에 가마솥에 넣고 끓여 소금을 만드는 기술이었다. 문제는 바닷물을 끓이는 소금가마에 쓰는 연료였다. 조선시대 내내 목재를 제외하고는 마땅한 연료를 구할 수 없었기 때문에 염전 주위는 민둥산이 되어버리기 일쑤였다.

　우리나라에 천일염 제조기술이 들어 온 것은 지금으로부터 불과 한 세기 전의 일이다. 일제는 1907년 인천 주안에 처음으로 천일염 염전 시험장을 설치했다. 베네치아 천일염 제조 방식은 그야말로 시대를 앞서간 발명인 것이다.

동방무역의 시작

베네치아 갯벌과 그 주변의 땅은 소금기가 많아 농사를 지을 수 없었다. 베네치아인들은 식량과 연료 등 생필품은 물론 지반을 다지기 위한 목재와 석재까지 모든 물품을 다른 나라에서 사와야만 했다. 결국 유일한 살길은 바다를 통한 교역뿐이었다.

베네치아는 당시 귀한 대접을 받던 소금을 기반으로 바다로 나갔다. 사실 베네치아는 대단한 지리적 장점을 갖고 있었다. 아드리아 해 안쪽에 위치해 있어 해적들로부터 비교적 쉽게 방어할 수 있으면서도 바다를 통해 레반트(동방) 지역에 쉽게 접근할 수 있었던 것이다. 그렇게 베네치아의 소금은 고가에 거래되었다. 당시 소금과 바꾼 가장 큰 교역물품은 목재와 노예였는데 베네치아 사람들은 이것으로 중개무역을 했다.

게다가 내륙과 연결되는 강의 지류들은 베네치아를 물류 유통의 중심지로 만들어 주었다. 베로나로 흐르는 에취강, 롬바르디아 지방을 가로지르는 포강은 수상 교통에 안성맞춤이었다. 베네치아 상인들은 이탈리아 내륙지방과의 교역관계를 창출했다.

해상교역의 성황으로 베네치아는 이탈리아의 여타 도시국가들과 비잔틴의 통치자들에게 없어서는 안 될 동맹 상대가 되었다. 베네치아는 당시의 세계도시인 비잔틴, 발칸반도의 슬라브 세계 그리고 서방 세계 사이를 연결하는 허브 도시로 떠올랐다.

베네치아, 소금으로 일어나다

베네치아는 동방과 북아프리카에서 향료와 직물을 사들이고, 서방에서는 금속제품을, 슬라브 여러 국가에서는 노예와 목재를 사들여 다시 각 지역으로 수출했다. 또한 알프스의 여러 협로들을 통해 오늘날의 오스트리아와 독일과도 연결되어 중개무역에 유리한 위치를 점하고 있었다. 이로써 7세기 중엽 이후 이슬람의 지중해 장악으로 침체되었던 중세 유럽의 경제가 베네치아를 중심으로 다시 활성화되기 시작했다.

697년 베네치아 사람들은 최초로 주민투표를 거쳐 국가의 대표인 도제를 뽑았다. 이로서 베네치아는 왕실 세습이 아닌 시민들이 직접투표로 자신의 대표를 선출하는 공화국이 되었다. 당시 베네치아는 동로마제국, 즉 비잔틴제국의 속국이었지만 이렇듯 자치적으로 나라를 운영했다.

주민이 뽑은 지도자의 임기는 종신이었다. 이때부터 1797년까지 베네치아는 종신직 국가원수를 선출했다. 그리고 도제의 독재를 막기 위해 귀족만이 정치에 참여하는 과두정을 도입하여 권력의 견제와 균형을 유지했다.

9세기에는 신성로마제국 황제가 비잔틴 제국에서의 해방을 명분으로 베네치아를 침공했다. 이때 주민들은 막강한 해군력과 때마침 창궐한 전염병으로 이들을 격퇴할 수 있었다. 이를 계기로 베네치아는 신성로마제국과 비잔틴제국 양쪽으로부터 사실상의 독립을 추인 받았다.

10세기경부터 베네치아는 바다 건너 아드리아 해적들을 소탕하고 달마티아에 첫 식민지를 개척해 천일염을 알프스 지역에 대량으로 공급함으로써 막대한 부를 거머쥐었다. 이후 베네치아는 콘스탄티노플에 이르는 이탈리아 동부해안과 동지중해의 안전한 항로를 위한 거점 확보에 총력을 다했다. 그리고 베네치아 공화국 시민들에게는 소금을 절반 가격에 파는 가격 차별화 정책을 실시했다. 이는 로마가 시행한 수법 그대로였다.

당시 유대인들은 소금을 판 돈으로 중국에서 비단을 들여왔다. 비단한 필이 금 한 덩어리에 거래될 정도로 번성하자 해상무역에 종사하던 유대인들은 유럽 대륙에 살던 그들의 친척들을 불러들였다. 그렇게 베네치아로 몰려든 유대인들은 무역업 이외에도 모직물, 유리제품, 가죽제품 생산에 종사하기 시작했다. 또한 독일 광산의 은이 유입되었고 이 길을 따라 동방 물건이 북유럽으로 전해졌다. 10세기 말 베네치아는 중계무역으로 얻은 경제적 번영으로 이탈리아의 자유도시들 중에서 가장 부강한 도시로 성장해갔다.

도시공학의 토대를 쌓다

앞서 등장한 말뚝으로 쓰인 백향목은 솔로몬 왕 시절 예루살렘 성전과 왕궁에 쓰인 썩지 않는 최고급 목재다. 도시가 번성하며 수입에 의존한 백향목으로는 그 많은 수요를 감당할 수 없었다. 이후 베네치아 사람들은 물속 갯벌에 나무를 박아 넣어 공기와의 접촉을 끊으면 곰팡이나 벌레가 끼지 않아 썩지 않는다는 사실을 알게 되었다. 그때부터 그들은 식민지인 슬로베키아, 크로아티아, 몬테네그로 등지의 아드리아 연안 숲에서 떡갈나무를 가져다 섬을 만들 말뚝으로 사용했다.

베네치아 산타마리아 성당은 이런 떡갈나무 말뚝 110만 개를 갯벌에 박아 그 위에 건설한 역사적인 건축물이다. 공사를 위해 기초를 만드는 데에만 무려 2년 2개월이 걸렸다고 한다. 베네치아 전체 122개의 섬 중 90%가 이렇게 만들어진 인공섬들이다. 지금의 도시 형태는 13세기에 완성되었다.

베네치아 시민들은 인공섬들 사이로 배가 다닐 수 있도록 수로를 파서 운하들이 도로 역할을 하게 만들었다. 그리고 이후로 인공섬들이 우후죽순으로 늘어나자 운하를 가로지르는 다리 410개를 새로 만들어 주민들이 이 섬을 걸어서 왕래할 수 있게 만들었다.

소금 독점 전쟁

13세기에 이르러 베네치아는 인구가 10만 명에 선박 3,300척과 3만 6,000명의 선원 겸 수병을 갖춘 해양강국이 되었다. 소금의 중요성을 일찍 깨우친 베네치아 사람들은 경쟁 상대들을 제거하기 위해 해군력을 바탕으로 여러 차례 전쟁을 일으켰다. 전쟁 후에는 이탈리아 여러 도시 국가들에게 독점적 계약을 강요하는가 하면 13세기에는 소금세를 거두기도 했다.

예로부터 염전이 있는 곳에서는 소금의 독점권을 둘러싼 전쟁이 끊이질 않았다. 제노바 공화국과 베네치아 공화국은 1250년부터 약 120년 간에 걸쳐 4차례의 전쟁을 치렀으나 승패가 나지 않았다. 결국 1380년 베네치아와 제노바는 지중해 소금의 독점권을 두고 다시 맞붙었고, 이 전쟁에서 승리한 베네치아는 이후 100년간 경제적으로 우월한 지위를 누리게 되었다.

14~15세기 베네치아 해안의 해수면이 점점 높아져 소금 생산이 거의 이루어지지 않자 베네치아는 주변 아드리아 연안과 키프로스 및 북부 아프리카의 소금을 독점해 이를 유럽 대륙과 동방에 팔고 동방무역도 독점하게 된다.

그 무렵의 베네치아 인구는 20만 명으로 유럽 최대의 도시였다. 중세에 유럽에서 가장 발달한 지역은 이탈리아 북부와 지금의 벨기에와 네덜란드 저지대가 포함되는 플랑드르인데, 중세에 유대인들에 의해 상공업이 가장 발전된 곳이기 때문이다. 지금도 이들은 유럽에서 1인당 국민소득이 가장 높은 편에 속한다.

십자군 전쟁 때 교황이 기독교도들의 이슬람 접촉을 금한 이후 제노바와 피사의 기독교 상인들은 이슬람교도들과 상거래를 하지 않았다. 이 틈에 유대인들은 어부지리로 이슬람과 꾸준히 동방무역을 확대해갈 수 있었다.

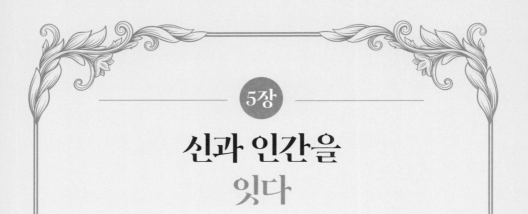

5장

신과 인간을
잇다

종교가 탄생한 배경에는 신을 영접하는 영험한 술이 있었다. 브라만교의 소마와 조로아스터교의 하오마가
그것이다. 나중에는 아예 술 자체가 신으로 승격됐다. 수메르 신전과 이집트 제사 의식에도 맥주가 함께
했다.

브라만교의 술 소마,
조로아스터교의 술 하오마

두 갈래의 세계 종교

현대 주요 종교에는 무엇이 있을까? 기독교, 불교, 이슬람교 등 다양한 이름이 떠오를 것이다. 사실 오늘날 세계 종교는 두 민족으로부터 유래했는데 셈족과 아리안이 그 주인공이다. 한 갈래는 셈족의 아브라함으로부터 나온 유대교, 기독교, 이슬람이고, 또 다른 한 갈래는 인도유럽어족의 일파인 아리안에서 나온 조로아스터교, 브라만교, 불교, 힌두교이다. 이 종교들은 서로 영향을 주고받으며 오늘날에 이르렀다.

인류문명사의 큰 흐름은 정주민족과 유목민족 간의 투쟁과 협동의 역사다. 종교 역시 예외가 아니었다. 셈족의 종교는 인류 문명이 최초로 발흥한 수메르 우르에서 아브라함의 이주로부터 탄생한다. 그 무렵 수메르 북쪽 코카서스 초원에는 아리안의 쿠르간 초원문화가 세력을 넓혀가고 있었다. 그 뒤 이 두 세력은 서로 영향을 주고받으며 인류문명사 전면에 등장한다.

종교의 발전 단계는 크게 3단계로 이루어진다. 먼저 다신론이 발전하고, 그 중 원시시대의 샤머니즘, 토테미즘 등으로부터 자신들과 가장 잘 맞는 신을 부족의 수호신으로 선택해 믿는 단일신론으로 발전해간다. 그 뒤로 모든 만물을 총괄하는 유일신 개념으로 승화된다.

그런데 여기서 서양과 동양의 차이가 발생한다. 서양 종교의 창조설화는 신이 만물을 창조하고 이를 운용하는 개념인 반면 동양 종교는 신이 스스로 분화되어 만물이 된다. 이 차이는 종교관에도 그대로 반영된다. 즉 서양 종교는 창조주와 피조물이 분리된 주종관계인 반면 동양 종교는 신이 스스로 만물과 인간으로 분화되었기에 합쳐지는 것도 가능하다. 동양 종교에서 범신론, 범아일여, 성불사상이 나오는 이유이다.

역사적으로 셈족의 종교와 아리안의 종교는 서로 영향을 주고받았다. 특히 기원전 6세기 바빌론 유수기에 유대교는 조로아스터교의 영향을 많이 받았다. 조로아스터교에서 선과 악을 구분하는 교리가 유대교에 스며들었고, 시간이 흘러가면서 유대교보다 기독교 교리에 더 강하게 자리 잡았다. 이는 이후 유대교와 기독교의 영향을 받은 이슬람에도 나타난다.

이로 인해 서양 종교는 이분법적 사고의 영향으로 이성과 논리를 통해 옳고 그름을 따지는 방식으로 성장했다. 반면에 동양 종교는 브라만교의 범아일여 사상을 승계한 불교와 힌두교가 득세하면서 포용과 융합을 중요시하게 되었다.

재미있는 사실은 우리가 서양 종교로 알고 있는 유대교, 기독교, 이슬

람은 중동지역의 동양계 셈족으로부터 나왔고, 동양 종교라 일컫는 조로
아스터교, 브라만교, 불교, 힌두교는 백인계 아리안으로부터 시작되었다
는 점이다.

브라만교의 술 '소마'

브라만교와 조로아스터교에서는 영적인 음료를 통해 초월적인 세계
를 경험한다. 이 음료의 이름은 브라만교의 경전 《리그베다》에서는 소
마 Soma로, 조로아스터교의 경전 《아베스타》에서는 하오마 Haoma로 다르게
불렀지만 본질적으로 술을 가리킨다. 주요 원료도 거의 같다. 사람들은
이 술을 마시면 신비로운 힘이 생겨 신과 소통할 수 있다고 여겼다.

《베다》의 기원에 앞서 아리아인들이 가진 제사문화를 이해할 필요가
있다. 그들에게는 인간의 힘을 뛰어넘는 자연현상에 대한 두려움이 있었
다. 천둥과 번개와 폭풍은 신들이 노한 것으로 이해해 특히 무서워했다.
한편 그들은 불과 소마의 위력을 찬양했다. 그들은 제례의식 때 항상 불
을 쳐다보며 의례를 올렸다. 불은 신성한 브라만 정신과 품성의 표징이
었다.

《베다》에 등장하는 의례에서는 신들에게 동물 제물과 수확물을 바쳤
는데 그중 소마를 가장 소중하게 여겼다. 소마초草 즙에 물과 우유를 섞
어 발효시키면 소마주가 만들어지는데 흥분성이 강한 환각작용을 일으
켰다.

그래서 그들은 소마주를 신의 술이라 부르고, 술이 주는 황홀한 도취감을 신과 교통하는 신비스러운 영력靈力이라 여겨 소마주 자체도 신격화했다. 소마는 술의 신이자 아울러 달의 신이기도 했다. 그리스 신화로 치면 술의 신 디오니소스와 달의 신 아르테미스를 겸하고 있는 것이다.

올더스 헉슬리가 1931년에 쓴 《멋진 신세계》에도 소마가 등장한다. 이 책에서 소마는 복용하면 금세 기분이 좋아지는 일종의 마약으로 즉각 행복을 느낄 수 있는 존재다.

문헌에 의하면 소마초는 누르스름한 빛을 띠고 있으며 산 속에서 발견된다고 한다. 그 즙으로 사람을 취하게 만드는 액체가 만들어지는데, 그것을 마시면 강해지고 장수한다고 믿어졌다. 불사의 음료인 셈이다.

지난 150년간 소마의 정체성을 두고 적지 않은 연구가 이루어졌다. 아직 결론은 나지 않았으나 에페드라설과 광대버섯설이 주류를 이룬다. 에페드라Ephedra는 허브계의 약으로 마오, 마황이라고도 불린다. 민속식물학자 고든 왓슨은 고대 유라시아의 샤먼 세계에서 널리 쓰이던 광대버섯이 소마의 원료였을 것이라 주장했다.

독버섯인 광대버섯은 기생식물로 유라시아의 침엽수림에서 자란다. 마황과 대황, 대마초와 비교해 환각효과가 더 강하다. 광대버섯을 먹는 방법은 두 가지로 직접 먹는 것과 일단 먹은 후 소변으로 배출된 것을 다시 마시는 법이 있다. 고대 문헌에서도 소변을 통해 소마를 음용했다는 내용이 암시되어 있는데 실제로 시베리아 사람들은 광대버섯을 소변으로 음용한다. 또한 광대버섯은 '꽃이 피지 않고 잎이 없으며 심지어 뿌리도 없다'는 고대 문헌의 내용과도 일치한다.

조로아스터교의 술 '하오마'

고대 페르시아에서는 신들에 대한 경배는 예배용 전례서 《야스나》에 따른 의식으로 치러졌다. 음식과 하오마 Haoma라고 불리는 환각성 음료를 바치는 것이 신을 영접하는 의식이었다. 이때 신을 찬미하는 시 낭송도 포함되는데 후에 조로아스터교의 경전이 된 《아베스타》의 야쉬타는 바로 이러한 찬양 시 모음집이다.

하오마는 하오마 풀을 짜서 만든 술이라고 전해지지만 실제 하오마 풀이 어떤 것인지 알려져 있진 않아 제사에서는 석류 가지 등으로 대체하고 있다. 조로아스터교에서 술은 악마의 음료이며 악신 아에슈마에 속한다고 설명하지만 이 하오마만큼은 신성한 술로 선신 아샤·와히슈타에 속하는 것으로 알려졌다.

하오마는 소마처럼 신격화되어 중급 신 야자타로도 불린다. 이 신은 생명력을 활성화시키는 힘이 있어 신체를 건강하게 만들고 죽음을 멀리하며 자손 번성을 담당한다.

수메르 신전의
제사용품, 맥주

맥주의 기원, 신전

맥주麥酒는 한자 그대로 보리를 효모로 발효시켜 만든 술로 기원전 6,000년경 수메르 사람들에 의해 와인보다 먼저 탄생되었다는 것이 정설로 받아들여지고 있다.

프랑스 파리의 루브르 박물관에는 기원전 4,200년 경의 모뉴멘트 블루 점토판이 있다. 거기에는 수메르 사람들이 방아를 찧고 맥주를 빚어 니나 여신에게 바치는 모습이 기록되어 있다. 연구자들은 점토판을 해독한 결과 수메르인들이 보리로 만든 빵을 물과 섞은 뒤 자연발효시켜 맥주를 만들었다는 것을 알아냈다.

점토판에 의하면 그 무렵 수메르 사람들은 맥주를 신이 인간에게 내린 선물로 생각했고, 사원 안에서 종교의식의 하나로 맥주를 빚었다. 당시 맥주를 만드는 일은 여사제들의 몫이었다. 이를 뒷받침하듯 맥주와 관련된 신화에는 어김없이 여신들이 등장한다. 그래서 수메르인들은 맥주를 만들어 여신에게 봉양했다. 이렇게 술은 신을 영접하는 영험한 물질에서 그 자체로 신격화되기도 했다.

수메르 사람들은 맥주를 '마음에 즐거움을 주고 간장에 행복을 주는 음료'라고 불렀다. 국가로부터 매일 2~3주전자의 맥주를 지급받았다는 기록도 있다. 그 무렵 맥주는 걸쭉한 죽과 같은 형태로 한 끼 식사대용으로 충분했다고 한다.

게다가 당시 맥주는 알코올 도수도 낮았다. 발효가 많이 되어 술이 넘치는 것을 막기 위해 초기에 발효를 중단시켰기 때문이다. 또한 보리로만 만든 게 아니라 잡곡이나 렌즈 콩, 귀리 등을 섞어 발효한 뒤 곡물을 거르지 않고 먹었다. 이 때문에 걸쭉한 것이 맥주를 '마시는 빵'이라고 부를 정도였다.

그 무렵 신전에서 맥주를 빚은 이유가 또 있었다. 풍년을 기원하는 기우제에는 맥주가 반드시 필요했기 때문이다. 수메르 사람들은 농사에 도움을 주는 비는 신이 흘리는 땀방울이라고 여겼다. 특히 신들이 성행위를 자주해야 비가 많이 내려 풍년이 든다고 생각했다.

신전의 여사제들은 여신이 성적으로 흥분해 땀을 흘리게 하기 위해서 하늘의 신들이 볼 수 있도록 신전에서 성행위를 했다. 이는 곧 종교의식이었다. 결국 그들은 신을 영접하고 신과 소통하는 종교의식의 하나로 맥주를 마신 것이다.

효모酵母-Yeast는 빵이나 맥주, 포도주를 만드는 데 사용되는 미생물이다. 효모는 곰팡이나 버섯 무리이지만 균사가 없고 광합성 능력이나 운동성도 없는 단세포 생물을 말한다. 이스트Yeast의 어원은 그리스어로 '끓는다gyst'는 뜻으로 발효 중에 이산화탄소가 생겨 거품이 생기는 것에서 비롯되었다.

효모는 대부분 꽃의 꿀샘이나 과실 표면과 같은 당 농도가 높은 곳에 존재한다. 당을 발효시켜 에탄올과 이산화탄소를 생산하는 성질 덕에 효모는 맥주 제조나 빵의 발효에 사용된다. 효소의 어머니라는 뜻에서 '어미 母'자를 써서 효모酵母라고 한다.

이에 비해 효소酵素-Enzyne는 생물체 내의 촉매를 말한다. 효소는 생명체가 아니기 때문에 증식을 하지는 않지만 화학반응을 일으켜 촉매작용을 한다. 효소는 우리 인체를 포함한 생물체의 몸속에서 생리활성을 촉진하는 생명의 촉매이다. 단백질로 구성돼 있는 효소는 몸속 음식물을 소화시켜 영양분으로 만들어 신진대사를 돕는다.

누룩은 술 만드는 효소를 갖는 곰팡이(효모)를 곡류에 번식시킨 것으로 우리 선조들은 보리 썩힌 것을 누룩이라 하고 싹을 틔운 것을 맥아, 싹을 길게 키운 것을 엿기름이라 했다.

오시리스의 선물

고대 수메르인들은 댐을 만드는 일꾼들에게 맥주를 넉넉히 제공했다. 앞서 말한 것과 같이 그 무렵의 맥주는 여러 곡물을 집어넣어 담아 걸쭉

한 죽과 같은 형태로 각종 비타
민과 미네랄, 아미노산이 풍부
한 영양 식품으로 식사대용으
로도 충분했다. 당시에는 발효
가 끝난 후에 맥주에 밀가루를
더 넣어 다시 한 번 발효를 시
켰다. 이런 맥주를 이용해 부푼
케이크나 빵을 만들기도 했다.

┃ 맥주를 즐기는 이집트인들

이집트에서도 5,000년 전부
터 맥주가 국민음료로 애용됐
다. 실제로 맥주는 고대 이집트 신화에서 절대신 오시리스가 인간들에게
준 선물이라고 기록되어 있다. 이집트 고王국시대 벽화에는 구운 빵,
말린 포도로 만든 효모, 맥아를 사용해 맥주를 담그는 그림이 있다.

히브리 민족도 이집트에서 맥주 제조 기술을 습득하여 후에 가나안
지방에 맥주 양조장을 세웠다. 그들은 맥주를 세카Sechar라고 불렀다. 훗
날 기원전 6세기의 바빌론의 네부카드네자르 왕은 예루살렘을 점거해
유대인 포로들을 바빌론으로 데려가 맥주 제조를 맡기기도 했다.

맥주에도 법이 있다

오늘날의 맥주의 모습은 중세에 등장했다. 로마제국이 기독교를 전파

하면서 수도원이 많아지자, 그곳에 모인 지식층들은 보리 품종을 개량하고 양조기술을 연구했다. 특히 사순절 동안 수도사들은 하루 한 끼 작은 빵 하나로 버텨야 했다. 다행히 이때 맥주는 허용되는 음료였다. 수도사들이 좋은 맥주 만들기에 애쓴 이유의 하나이기도 하다.

맥주는 처음엔 귀족들의 음료였지만 길드 제도가 생긴 이후부터는 서민들도 즐길 수 있게 되었다. 길드의 음주문화는 위계질서가 엄격했는데 장인과 도제들은 중요한 결정을 내린 후 소속감을 다지기 위해 정신을 잃을 때까지 맥주를 마셨다.

독일의 수도원을 중심으로 발전한 맥주는 전문 맥주양조업자가 생겨나면서부터 쇠퇴하기 시작했다. 전문양조업자들은 더 독특한 맥주를 만들기 위해 각종 약초 등을 넣었는데, 개중에는 빨리 취하게 하기 위해 독초를 넣는 경우도 생겨났다. 사람들은 점차 맥주를 마실 때 건강이 나빠지는 것은 아닌지 의심하게 되었다.

이를 보다 못한 1598년 바이에른 공화국의 빌헬름 4세는 맥주 순수령을 공포한다. 이는 맥주를 양조할 때 보리와 홉, 효모, 물 이외에 어떤 것도 첨가하지 말라는 의미였다. 까다로운 법 덕분에 독일은 오늘날 제일가는 맥주의 나라가 되었다. 이처럼 많은 변화를 겪으면서, 맥주는 각국만의 스타일을 가진 음료로 발전했다.

물 대신 마시는 맥주

14세기 유럽에서는 물 대신 포도주와 맥주를 마셨다. 유럽의 물은 석회수가 많거나 세균이 많아 정수 시설이 없던 시절에는 그대로 마시면 위험했기 때문이다. 그러다 보니 만드는 과정에서 물을 끓이는 맥주는 전염병을 막아주는 역할을 했다.

도시나 농촌 할 것 없이 한 사람이 보통 하루에 2~3ℓ의 포도주나 맥주를 마셨다. 16세기 영국 가정에서는 하루에 1인당 3ℓ의 맥주를 마셨다는데 당시에는 소금에 절인 음식을 많이 먹어서 그런 듯하다.

중세시대의 맥주는 귀족부터 농민들까지 일터나 의례 자리에서 일상적으로 접하는 음료였다. 16세기까지는 싹이 튼 곡물 맥아로 만든 술을

맥주순수령 기념 우표

모두 맥주라고 불렀다.

오늘날과 같은 쌉쌀한 맥주는 16세기 이후부터 홉$_{Hop}$을 넣기 시작하면서 깊은 맛으로 거듭나게 된다. 최초로 홉을 첨가해 맥주를 만든 사람은 12세기 루페르츠베르크 수녀원의 힐데가르데 원장이다. 의학에 조예가 깊었던 그녀는 홉에 대한 책까지 썼다.

우리가 흔히 호프라고 말하는 홉은 맥주 특유의 맛과 향 그리고 거품을 만들고 맥주의 부패를 방지하는 역할을 했다. 이후 홉은 '맥주의 영혼'이라 불리며 독일의 수도원에서 사용되기 시작했다.

사실 현대인들이 홉이 빠진 맥주를 마신다면 맥주라는 느낌이 들지 않을 것이다. 오늘날의 맥주의 독특한 풍미는 그야말로 뽕나무과 식물인 홉에 있다 해도 과언이 아니다. 18세기에는 영국에 펍(Pub: Public house의 줄임말)이라 불린 술집이 등장하면서부터 맥주는 여가를 즐길 때나 동질감을 확인할 때 마시는 대표적인 음료로 자리 잡게 된다.

기네스 맥주와 《기네스북》

기네스 흑맥주의 색의 비결은 무엇일까? 기네스는 1759년 아서 기네스에 의해 더블린에서 탄생해 아일랜드가 자랑하는 대표 흑맥주로 자리 잡았다. 1914년 세계 1위 맥주회사로 등극한 기네스의 비법은 바로 구운 보리이다. 아일랜드 최대 명절인 3월 17일 성패트릭데이에는 사람들이 기네스 맥주로 축배를 들며 퍼레이드를 즐긴다.

기네스하면 또 떠오르는 이름이 《기네스북》이다. 기네스의 4대손인 휴 비버 경은 어느날 사냥을 즐기던 중 골든 플로버라는 빠른 물새를 번번이 놓치고 만다. 그날 저녁 그는 친구들과 유럽에서 가장 빠른 새가 어떤 새인지를 두고 논쟁을 시작했지만, 그 새에 대한 자료가 없어 결론이 나지 않았다. 비버 경은 특이한 기록을 모아놓은 책도 사업 아이템이 될 수 있음을 깨닫고 기록 전문가로 알려진 맥휘터 형제를 편집인으로 의뢰해 세계 최고기록을 모아 1955년 《기네스북》을 발간했다.

기술의 발전, 맥주의 발전

19세기 영국의 제임스 와트가 만든 증기기관은 맥주 양조에도 혁신을 가져 왔다. 맥아의 분쇄, 맥즙의 교반, 물 이송 등에 동력을 사용할 수 있게 되자 맥주의 대량생산이 가능해진 것이다. 또한 독일의 카를 폰 린데는 냉동기를 발명해 겨울에만 만들 수 있었던 발효맥주를 계절에 관계없이 양조할 수 있도록 했다.

프랑스의 루이 파스퇴르는 열처리 살균법을 발명해 효모를 제거함으로써 맥주의 장기 보관의 길을 열었고 덴마크의 에밀 한센은 파스퇴르의 효모 순수배양법을 개발하면서 맥주의 품질을 한 차원 높였다.

사랑과 예술의 뒤편에도 맥주가 있다. "책은 고통을 주지만 맥주는 우리를 즐겁게 한다. 영원한 것은 맥주뿐!" 이는 괴테의 시에 나오는 구절로 대문호도 독서보다 맥주 마시기를 즐긴 것을 알 수 있다. 셰익스피어 역시 맥주잔을 앞에 놓고 대본을 썼다고 한다. 이에 착안해 미국에서는 셰익스피어 오트밀 스타우트라는 이름의 흑맥주가 출시돼 애호가들의 사랑을 받고 있다.

유대교의
절기와 음식

조상들의 고난을 회상하다

우리가 설날과 추석이라는 명절을 즐기는 것처럼 유대인에게도 특별한 3대 절기가 있다. 유대인의 3대 절기는 유월절, 오순절, 초막절이다. 《구약성경》출애굽기에 이와 관련된 내용이 등장한다.

이 세 절기는 모두 과거 유대인들의 고난의 역사와 관계가 있다. 유대인은 후손들이 대대로 조상들이 겪은 고난과 아픔에 동참하도록 이를 종교적 절기로 만들어 지키도록 했다.

지금도 유대인들은 자신들의 영혼이 조상이 겪었던 과거의 고난에 함께 동참했다고 믿는다. 이는 '올람 Olam'이라 부르는 시공을 초월하는 유대인의 독특한 시간관이자 종교적 믿음이다. 올람은 태고적 먼 과거 또는 먼 미래인 영원을 나타낸다.

위의 세 절기는 모두 애굽(이집트)을 탈출해 시나이 반도에서 고생했던 그들의 고난 역사를 반추하는 종교적 기념행사이다. 과거에는 유대인들은 어디에 있든지 이 세 절기에 예루살렘으로 와서 제사에 참석해야 했다.

그리고 이 세 절기는 모두 추수와 관련이 있다. 이때 하느님으로부터 축복받았다고 믿는 7가지 식물로 제사를 드리는데, 유월절에는 첫 수확한 보리로, 오순절에는 첫 수확한 밀로, 초막절에는 나머지 다섯 가지 식물인 올리브, 포도, 석류, 무화과, 대추야자가 사용된다.

1. 유월절

보통 유월절과 그 다음날부터 일주일간인 무교절을 합쳐 8일간 지낸다. 봄에 애굽에서 종살이하던 이스라엘이 구출된 것을 기념하는 절기이다. 이 시기에 유대인들은 조상들의 고난을 체험하는 의미로 누룩이 들어가지 않은 딱딱한 빵인 무교병을 먹는다 하여 무교절이라고도 불린다.

그리고 가나안에 도착한 유대백성들이 어려운 환경 속에서도 농사를 지을 수 있도록 복을 주신 하느님께 첫 수확한 보리를 바친다. 이를 첫 열매라 하여 초실初實이라 부르는데 초실절은 무교절 이후 첫 일요일이다.

2. 오순절

출애굽한 뒤 모세가 이스라엘 민족을 데리고 시내산에서 율법을 받은 날을 기념하는 날이다. 유월절에 첫 수확된 보리 이삭을 바친 뒤 7일(한 주간)이 일곱 번 지난 다음 날이라 하여 칠칠절이라 부르기도 한다. 즉,

첫 보리를 바친 후 50일째 되는 날로 이 날에는 첫 수확된 밀을 바친다.

3. 초막절

조상들이 40년 동안 시나이 반도를 떠돌며 방랑하던 고생스러운 생활을 기억하는 절기이다. 유대인들은 이 절기에 마당 등 바깥에 초막을 짓고 7일간 지내야 한다.

유대인들은 초막절 기간에는 일을 할 수 없었으며, 조상들의 광야생활 40년을 기념하여 별이 보이는 곳에서 초막생활을 했다. 유대인들은 초막절 마지막 날을 큰 구원의 날로 여기며 그 해에 지었던 죄가 사해지는 마지막 날로 믿는다. 또한 초막절은 농사가 끝나는 가을에 7일간 지켜졌는데 이는 추수를 마치고 제사를 드리는 추수감사절이기도 하다. 우리나라로 치면 추석이다.

고난의 되새김질, 마짜

누룩은 성경에서 중요한 의미를 갖고 있다. 유대 민족 최대 축제일인 유월절에 먹는 빵, 즉 누룩을 넣지 않은 무교병은 히브리어로 '마짜'라고 부른다.

그들은 이집트를 탈출한 이듬해, 시나이 광야에서 첫 번째 파스카 축제를 지낸 이후 지금까지 축제 때 허리에 띠를 매고, 신을 신고, 지팡이를 쥐고, 누룩 없는 빵을 먹는다.

3,000년이 훨씬 지난 지금에도 이스라엘에서는 매년 봄 일주일의 유월절 기간에는 발효식품이 식단에서 사라진다. 성경에 '유월절에는 발효된 식품을 먹지도 말며 집에 보관하지도 말라'고 했기 때문이다. 이 기간에는 이스라엘의 슈퍼마켓이나 식품가게에서도 부풀린 빵을 구할 수 없다. 심지어 맥도날드나 피자헛에서도 딱딱한 나무토막 같은 햄버거와 피자가 나온다.

여기서 누룩은 교만의 위험성을 암시한다. 교만은 인간이 신을 외면하고 자기중심적으로 생각할 때 나타나는 현상으로 보기 때문이다. 빵에 누룩을 넣으면 부드럽고 먹기가 편해지는데 이처럼 누룩은 안락하고 편안한 생활을 의미한다. 인간은 편해지면 나태해지고 타락하기 쉬워진다. 따라서 딱딱하고 맛없는 빵을 먹는 것은 고난을 기억한다는 의미가 된다.

구세주의 피,
와인

수도원과 와인

예수는 마지막 날 저녁에 제자들과 만찬을 함께 한다. 예수는 포도주를 마신 뒤 이렇게 말한다.

> "이는 내 피의 잔이니, 너희와 모든 이의 죄를 없애기 위해 흘릴 피니라.
> 너희는 이 예식을 행함으로써 나를 기억하라."

이 말에 따라 제자들과 그 후예인 성직자들은 지금도 전 세계 어디서든지 미사 예식에서 포도주를 마신다.

우리 식탁의 김치처럼 유럽에서 빠질 수 없는 와인의 역사는 오래전으로 거슬러 올라간다. 초창기 와인은 사람들이 숭배하는 신에게 바치는 용도로 주로 사용되었다. 성경에도 대홍수가 끝나고 노아가 포도나무를 심고 와인을 만들었다는 내용이 있을 정도이다. 그뿐만 아니라 의식, 축제, 귀한 손님을 대접하는 자리 등에서도 중요한 대화의 매체로 활용되었다.

와인은 순수 포도만을 발효하여 만든 술이기 때문에 도수가 낮고 향과 맛이 좋아 식사 때 늘 곁들였다. 특히 알칼리성 음료로 산성화 된 인체를 중화시켜 건강에도 좋다.

와인은 고대 로마의 주요 상품이었다. 당시 로마의 식민지였던 프랑스, 스페인, 독일 남부까지 포도 재배가 이루어져 오늘날 유럽의 포도 재배단지를 형성했다. 그러나 로마 제국이 쇠퇴하고 중세로 접어들면서 포도 재배와 포도주 거래도 주춤해졌다.

그 뒤 수도원을 중심으로 와인의 전통이 이어졌다. 와인은 교회 의식에 꼭 필요한 음식이었기 때문이다. 12세기에 들어 십자군과 수도원의 활발한 활동으로 와인 산업이 다시 빛을 보게 되었다. 십자군은 중동에서 새로운 종의 포도나무를 들여왔으며 수도원은 풍부한 노동력과 조직력을 바탕으로 와인을 생산했다.

세금이 면제되는 수도원은 예배를 치르고도 남는 와인을 판매해 상당한 수입을 거두어들였고, 합리적이고 과학적인 관리방법을 도입해 근대 와인 제조의 기초를 확립했다. 1679년에 오빌러 수도원의 수사인 돔 페리뇽이 샴페인을 개발한 것도 수도원에서 쌓인 노하우가 있어 가능했다. 이 시대부터 와인 병의 마개로 코르크가 사용되었다.

와인은 부족한 영양분을 보충하고 병을 치료하기 위해서도 마셨다.

15~16세기 파리의 시립병원에서는 와인을 강장제와 치료제로 사용하였고 사람들 또한 치료제로 믿었다.

와인의 맛을 결정하는 요인들

인류는 오랜 시간 와인을 만드는 과정에서 와인의 맛을 결정하는 요소들을 찾아냈다. 아래와 같이 와인의 맛에 영향을 미치는 요인은 4가지이다.

첫 번째 요인은 포도의 품종이다. 크게 레드 와인, 화이트 와인으로 나눈다. 레드 와인은 적포도로 만드는데 농후한 맛과 향이 특징이다. 알코올 도수는 보통 12~14%이나 반건조 포도로 만든 이탈리아 아마로네는 15~17%이다. 화이트 와인은 잘 익은 청포도나 적포도 숙성 중 껍질을 걸러내서 만드는데 순하고 상큼한 맛이다. 알코올 도수는 10~13%이다.

두 번째 요인은 포도의 생산지다. 생산지에 따라 밭의 고도, 토지의 경사, 일조량, 강의 유무, 숲의 유무 등이 다르므로 세분화해서 따진다. 대표적인 좋은 와인 생산지로는 프랑스의 보르도, 부르고뉴, 샹파뉴가 있고 이탈리아에는 피에몬테, 토스카나가 있다.

세 번째 요인은 빈티지, 즉 포도의 수확시기를 꼽는다. 프랑스, 독일, 이탈리아 북부 등 주요 와인 생산국은 연도별 일조량 등 기후 변화가 심해 시기에 따라 맛이 달라지는 것을 느낄 수 있다. 매년 11월 셋째 목요일에 출시되는 와인 보졸레 누보는 오크통 숙성을 거치지 않는 가벼운 맛으로 식사와 곁들이기에도 좋다.

네 번째 요인은 누가 만드는지, 즉 와이너리(양조장)이다. 와이너리마다 자신들만의 역사와 비법이 있어 같은 해, 같은 토양에서도 맛의 차이가 크다. 로마 시대부터 포도 산지로 유명했던 생테밀리옹Saint-Emilion 특별지구는 아름다운 경관으로 유네스코 세계문화유산으로 지정되기도 했다.

식사 순서마다 바뀌는 와인

유럽의 정식은 보통 전식, 본식, 후식으로 이루어져 있다. 전식 2가지-본식-후식의 4코스, 혹은 전식 2가지-본식 2가지-후식의 5코스가 일반적이다. 후식을 먹은 뒤에는 커피와 과자를 먹고 가끔은 꼬냑 등 식후주를 마시기도 한다.

또 식전, 전식, 본식, 후식에 사용되는 와인의 종류도 각각 다른데 보통 식사하기 전에는 식전주인 아페리티프Aperitif를 마신 후 다이닝룸으로 이동해 테이블 앞에 앉는다. 전식, 본식, 후식에 따라 마시는 와인의 종류가 달라 각자의 자리에는 네 종류의 잔이 세팅되어 있다. 물잔, 레드와인 잔, 화이트 와인 잔, 디저트 와인인 소테른을 마시기에 좋은 작고 짧은 다리의 잔이 그것이다.

식전, 본식, 식후에 마시는 와인을 각각 아페리티프 와인, 테이블 와인, 디저트 와인이라 부르는데 아페리티프로는 식욕을 돋우기 위해 달지 않고, 도수가 있는 샴페인이나 셰리 와인을 마신다.

테이블 와인은 음식과 같이 마시는 와인으로 식사 음식과 잘 어울리는 맛을 지닌 와인을 선택하는 일이 중요하다. 일반적으로 고기 요리에는 강한 맛을 내는 레드 와인이 잘 어울리고, 담백한 맛을 내는 생선요리에는 화이트 와인을 내놓는다.

디저트 와인은 포트_{porto}나 게뷔르츠트라미네, 소테른 같이 단맛이 나는 와인을 쓴다. 그 뒤 식탁에서 물러나 소파에 앉아 담소를 나눌 때는 보통 꼬냑을 마신다.

스페인의 셰리 와인, 포르투갈의 포트 와인은 일반 와인에 브랜디를 첨가하여 도수를 높인 것이다. 처음에는 영국으로 수출할 때 중간에 포도주가 시는 걸 막기 위해 독주를 약간 섞은 데서 유래되었는데 이후 그 독특한 맛으로 인해 포도주 애호가들의 사랑을 받게 되었다.

6장

세계사를 바꾼
먹거리

몽골군이 인류 역사상 가장 넓은 땅을 정복할 수 있었던 비결은 무엇일까? 바로 비교할 수 없는 기동력에
있었다. 보급부대 없이 말을 달리며 식사할 수 있었던 것이 이를 뒷받침했다.

칭기즈칸을 만든
전투식량은?

세계를 정복한 전투식량

〈타임〉지는 20세기를 마감하며 역사에서 가장 영향력이 큰 인물 100명을 발표했다. 두말할 것 없이 1등이 칭기즈칸이었다. 그는 인류 역사상 가장 넓은 땅을 정복했던 인물로 13세기에 그가 정복한 땅은 알렉산더 대왕과 나폴레옹과 히틀러, 세 정복자가 차지한 땅을 합친 것보다 더 넓었다.

당시 고작 15만 명의 군사로 그 넓은 땅을 정복한 것은 한마디로 기적이다. 칭기즈칸의 사망으로 몽골군이 회군하지 않았다면 서유럽도 무사하지 못했을 것이라는 게 역사학자들의 중론이다. 그렇다면 몽골군이 이렇게 중국 대륙과 중앙아시아 그리고 러시아와 동유럽 일대를 순식간에 정복할 수 있었던 힘은 무엇일까?

답은 바로 신출귀몰한 기동력이다. 보통 몽골 기병 1명은 3~4마리의 말을 끌고 다녔기에 하루 이동거리가 200km에 달할 때도 있었다. 당시로서는 상상할 수 없는 빠른 속도였다. 비유하자면 3G와 5G 스마트폰의 속도 차이라고나 할까? 러시아와 유럽은 전광석화와 같은 몽고군의 기습에 혼비백산할 수밖에 없었다.

고대로부터 전쟁 등으로 대규모 부대가 움직일 때는 식량과 보급품을 지원하며 뒤를 따르는 보급부대가 있어야 했다. 어떤 때는 전투병보다 보급부대가 더 많기도 했다. 하지만 이러한 대규모 보급부대와 같이 움직이는 전투부대는 기동력이 떨어질 수밖에 없었다. 그러나 몽골군은 보급부대가 없어 행군 속도가 빠르고 기동력 있는 작전도 가능했다. 어떻게 그게 가능했을까? 몽골군은 전쟁 중에는 식사를 하지 않은 것일까?

몽골군은 장병이 먹을 음식을 안장 밑에 두고 다니며 식사를 해결했다. 그 안장 밑 음식이 바로 말젖 분말과 육포 가루다. 마르코 폴로의 기록에 의하면 몽골군은 4~5kg의 말젖 분말을 휴대하고 아침 무렵에 500g 정도를 가죽자루에 넣고 물을 부은 다음 저녁 때 먹었다고 한다. 마치 지금의 분유나 선식과 비슷한 역할을 하지 않았을까? 또한 에너지가 많이 필요한 전투 중에는 틈틈히 육포 가루를 물에 타 먹었다.

육포에 대해 자세히 알아보자. 몽골군은 겨울에 소를 잡아 살코기를 결을 따라 두께 2~3cm, 폭 5~7cm로 찢어 줄에 매달아 바싹 말렸다. 건조한 몽고의 기후 덕분에 수분이 완전히 제거된 고기는 무게와 부피가 크게 줄어들었다. 이렇게 만들어진 육포를 절구에 넣고 갈거나 망치나 돌맹이로 두들겨 가루로 만들었다.

이렇게 만든 육포 가루는 '보르츠'라 불렸는데 몽골군은 이 보르츠를 깨끗이 씻은 소의 위나 오줌보 안에 넣어 보관했다. 소나 양의 오줌보에는 소 한 마리분의 보르츠가 들어갔는데, 부피도 작고 가벼워 운반이 쉽고 2~3년 장기 보관해도 상하지 않았다.

바짝 말라있던 육포 가루는 물을 타면 서서히 부풀어 올라 허기진 병사의 공복을 채워주었다. 서너 숟가락의 육포 가루만 물에 타 먹어도 한 끼 식사로 충분했고 한 봉지의 육포는 일주일치 비상식량이 됐다. 보르츠는 주로 쇠고기가 많았지만 양고기, 말고기, 물고기 등으로도 만들 수

제국의 영토 비교

몽골 제국

이슬람 제국

로마 제국

알렉산더 대왕 제국

있었다. 특히 전쟁 중에 불을 피워 조리할 필요도 없어 적에게 쉽게 노출되지도 않았다. 이게 바로 몽골군의 신출귀몰한 기습작전이 가능했던 이유다.

사실 말젖 분말과 육포 가루 이외에도 칭기즈칸 군대의 강점은 몇 가지 더 있다. 몽골군의 주무기는 사거리가 긴 각궁(복합궁)으로 사거리는 달리는 말 위에서는 보통 150m 정도에, 조준 사격하면 315m까지도 가능했다고 한다. 또 철갑과 긴 창으로 중무장한 유럽군과 달리 몽골군은 가벼운 가죽갑옷과 비단실로 만든 내의를 입고 있어 빠른 움직임으로 적을 처단할 수 있었다.

신대륙 발견의
일등공신

금이 된 후추

15세기 말 후춧가루는 같은 무게의 금가루와 가격이 같았다. 이는 생
산지 가격의 100배에 달하는 엄청난 값이었다. 이슬람이 실크로드를 점
령해 후추의 육로 수입이 막히자 가격이 폭등했기 때문이다. 이는 곧 후
추를 수입하기 위해 포르투갈이 바닷길 탐험에 나서는 계기가 되었다.

콜럼버스는 어릴 때부터 항해에 관심이 많아 10대 후반부터 아버지
를 따라 직물과 포도주를 팔기 위해 지중해 연안은 물론 아이슬란드까
지 항해했다. 1474년 유향을 구입하기 위한 에게해 키오스섬 항해에도
참가했고, 20대 후반에는 스페인 남부 마데이라섬으로 설탕을 구입하기
위해 간 적도 있었다. 이렇게 그는 어린 시절부터 해상을 누비던 무역상
이었다.

콜럼버스는 마르코 폴로와 프톨레마이오스의 책을 읽고 지구가 둥글다는 믿음을 갖게 되었다. 어느 쪽으로 가더라도 인도에 도착할 수 있다고 확신한 콜럼버스는 후춧가루를 찾아 1492년 8월 포르투갈과는 반대 방향으로 떠났고, 마침내 신대륙을 발견했다. 이때를 기점으로 중세가 끝나고 근대가 시작될 만큼 신대륙 발견은 세계사의 중대한 분기점이 된다.

당시는 기독교와 이슬람이 첨예하게 대립하던 시절이라 양 지역을 자유롭게 오가며 교역할 수 있는 상인은 유대인뿐이었다. 기독교도나 이슬람은 항해 자체가 위험했던 시기였다.

어렵게 이사벨 여왕의 후원을 얻다

17년간 후원자를 찾아 헤매던 콜럼버스는 우여곡절 끝에 수도원장 마르티나 신부의 주선으로 1486년 1월 드디어 스페인의 이사벨라 여왕을 처음 알현하게 된다. 그는 자신의 탐험 계획을 설명하고 마르코 폴로의 《동방견문록》에 소개된 대칸의 나라를 찾아가겠다며 도움을 청했다. 이 계획은 특별 심사위원회에 올려졌으나 쉽사리 결론이 나지 않았다.

당시 궁전에는 3인의 마라노, 즉 개종한 유대인들이 있었다. 궁정 유대인 가브리엘 산체스, J. 가브레로, 조세 관리관 루이스 데 산탄겔이 그들이다. 당시 유럽 왕실에 궁정 유대인, 오늘날의 재무장관 격인 특이한 직종이 만들어지기 시작할 무렵이었다. 유대인들이 워낙에 재정 관리와 금융 섭외에 유능했기 때문이다. 그들은 이사벨 여왕에게 왕실 재산의 궁핍을 설명하고 만일 콜럼버스가 항해에 성공하기만 한다면 거대한 부를 거둘 수 있다며 거들었다.

여왕은 콜럼버스의 요구가 과도하다고 생각하여 처음에는 부정적이었으나 조세 관리관 루이스 데 산탄겔이 자신이 탐험비용을 부담해도 좋다고 발언하자 콜럼버스를 지원하기로 결정했다. 이사벨은 자금 외에도 파로스시市로 하여금 선박 2척을 내주게 하고 과거의 죄를 사면해준다는 조건으로 승무원 모집도 거들어주었다. 핀손이라는 선장이 자기 소유 선박 산타마리아호와 함께 참가했다. 그렇게 콜럼버스는 드디어

❙ 스페인 이사벨라 여왕을 만난 콜럼버스

1492년 8월 3일 3척의 배에 120명의 선원을 태우고 항해를 출발했다.

마르코 폴로는 몽골의 대칸이 지배하는 영역이 대인도, 중인도, 소인도 이렇게 3개의 인도로 구성되어 있다고 했다. 콜럼버스는 마르코 폴로가 이야기한 인도, 즉 원나라를 향해 출항한 것이다. 그가 품에 간직한 이사벨라 여왕의 친서 수신인은 위대한 칸이었다.

남반구 항해가 가능해진 까닭

콜럼버스가 항해를 떠나기 5개월 전인 1492년 3월 이사벨 여왕은 유대인 추방령을 내렸다. 당시 추방당한 사람 중에는 랍비이자 천문학자인 아브라함 자쿠토도 있었다. 그 무렵 항해가들은 위도와 경도를 찾기 위해 아프리카 서해안을 따라 탐험했다. 북반구에서는 북극성의 고도를 측정하면 대략의 위도를 구할 수 있었고 경도 측정은 연안을 따라 항해했기 때문에 큰 문제가 아니었던 것이다.

그러나 남반구로 내려가면 북극성을 관측할 수 없게 돼 위도를 구할 수 없었다. 이런 콜럼버스의 고민을 해결한 사람이 아브라함 자쿠토이다. 그는 해의 고도를 측정하는 방법을 고안해 위도와 태양의 적위를 계산해 놓은 《천측력》을 유대어로 간행했다. 이로써 위도를 구할 수 있게 되어 남반구 항해가 가능해졌다. 콜럼버스가 대항해를 결심하게 된 배경에는 자쿠토의 영향이 컸다. 그는 지구가 둥글다는 사실을 콜럼버스에게 확실하게 각인시킨 인물이었다.

마지막 난관은 선원 모집이었다. 당시에는 바다 끝으로 가면 벼랑 아래로 떨어져 죽을 것이라는 공포감이 만연했다. 배를 타겠다는 사람이 한 명도 없어 콜럼버스는 끈질긴 노력끝에 선원의 1/4은 승선을 조건으로 사면받은 죄수로 채웠다. 그렇게 콜럼버스의 첫 항해에 탑승한 선원들 중 우수한 선원, 독도사, 통역, 외과의사 등 중요 스탭진은 대부분 유대인이었다.

크리스토퍼 콜럼버스가 1492년 10월 12일 신대륙을 발견한 것으로 알려졌지만 사실 신대륙의 첫 번째 발견자는 아메리카 원주민이다. 그들은 아시아에서 베링 해협 육로를 통해 2만 년 전에 아메리카로 건너온 것으로 추정된다. 그 뒤 두 번째 발견자는 바이킹이었지만, 1,000년경에 일어난 이 사건은 세상에 별로 알려지지 않았다.

여하튼 콜럼버스는 출발한 지 70일 만에 지금의 바하마 제도의 구아나아니 섬에 도착했다. 하지만 그는 자신이 인도의 한 곳에 도착한 것이라 확신하고 신에 대한 감사의 뜻을 표시하기 위해 이 섬을 구세주라는 뜻의 산살바도르라 명명했다.

콜럼버스가 원래 가고자 했던 나라는 칸이 다스리는 원나라였고, 그는 자신이 해류 때문에 원나라 남쪽 인도에 도착했다고 생각했다. 그래서 그곳 사람들을 인디언이라 불렀다. 후세 사람들은 아메리카 원주민들이 인도 사람이 아닌 줄 뻔히 알면서도 계속 인디언이라고 불렀다.

콜럼버스가 도착해 맨 처음 한 일은 돈이 될 만한 토산품을 찾아내는 일이었다. 그러나 여러 섬을 돌아다녀 보아도 후추와 같은 향신료는 없었다. 그런 가운데 어느 섬에서 사금을 발견하게 된다.

콜럼버스의 업적 가운데 하나는 신대륙에서 가지고 온 감자와 옥수수, 고구마, 토마토, 고추 등 남미의 곡물이었다. 훗날 감자와 옥수수는 유럽을 기근에서 구해주고 고추는 일본을 거쳐 우리나라의 김장 문화를 바꾸게 된다.[2]

대항해시대를 연
대구

바스크족과 바이킹이 개발한 통조림

동양의 칭기즈칸이 원거리 원정을 위해 육포를 개발한 것처럼 서양에서는 바스크인들이 보존식을 개발했다. 스페인 동북부 바스크 지역의 말린 대구와 절임 대구가 그 주인공이다.

대부분의 물고기가 육지 주위의 얕은 바다인 대륙붕에 사는 것처럼 대구 역시 차가운 물을 좋아하기 때문에 북반구 대서양의 대륙붕이 주서식처이다. 입이 커서 대구大口라 불리는 대서양 대구는 무게가 보통 30kg이 넘고 큰 대구는 100kg까지 나간다. 보통 1m가 넘는 대형고기로 살이 많아 예부터 사람들이 좋아했다.

커다란 입을 벌린 채 수면 가까이 물속을 돌아다니는 대구는 그 큰 입만큼이나 엄청난 대식가라 닥치는 대로 먹는 것으로 유명하다. 특히 새우와 오징어, 청어, 꽁치 같은 맛있는 생선을 주로 먹으며, 엄청난 식욕 때문에 잡기도 쉽다.

바스크족과 바이킹은 콜럼버스 이전에 이미 신대륙의 포틀랜드까지 진출해 대구를 잡았다는 설이 있다. 그들은 북아메리카 해안에서 엄청난 대구 떼를 발견하고는 그곳을 독점하기 위해 장소를 비밀에 붙였다. 대구는 살에 지방이 거의 없어 소금을 뿌려두기만 하면 저장하기 쉬웠다. 그래서 수백 척의 어선에는 소금 절임 명인이 한 명씩 있었다. 자칫 건조나 절임을 잘못 하면 애써 잡은 대구를 모두 버릴 수도 있기 때문이다.

하지만 소금 부족이 문제였다. 스칸디나비아 반도에 살던 바이킹의 후예 노르만족은 소금 생산을 위해 남하해 9세기 후반에 이르러서는 아예 프랑스 북부 해안가 센 강 유역에 염전을 만들어 항구적인 거점을 마련했다. 이후 이 지역을 노르만족들이 산다고 해서 노르망디라 불렀다. 노르만족이란 '북쪽에서 온 민족'이란 뜻이며 이 바이킹들 일부는 그 뒤 더 남하해 게랑드 근처에 염전을 건설한 뒤 북유럽과 소금을 거래했다.

바스크족들은 그들의 해안가에서 천일염을 만들었는데 그렇게 만든 소금 때문에 리스본과 라로셸 같은 항구들이 건설되었고 번성했다. 이렇게 바스크족은 오랜 시간이 지나도 상하지 않는 절임 대구를 유통시킴으로써 유럽 내륙에 사는 사람들도 비로소 물고기를 맛볼 수 있었다. 소금에 절여 말린 절임 대구는 포르투갈과 북해로 퍼져나갔다. 이것이 레시피만 350가지가 넘는 그 유명한 바칼라우Bacalhau(대구) 요리의 시초이다.

냉장고가 없던 시절이라 절임 대구는 유럽인들에게 대인기였다. 특히 중세 교회법에서 사순절을 포함해 1년에 절반 가까이가 육류를 금하는 기간이었지만, 생선은 먹을 수 있었던 것이 유효했다. 이렇게 금식기간에 절임 대구는 주요한 단백질 공급원이 되었고 기독교인들에게 특별한 의미를 지니게 되었다.

▍바칼라우

그리스어로 생선을 뜻하는 익투스ΙΧΘΥΣ는 '예수 그리스도 Ιησους Χριστος, 하느님의 아들Θεου Υιος, 구원자Σωτηρ' 각각의 첫 글자를 따 조합한 말과 같아 두 개의 곡선이 겹쳐진 물고기 모양은 초기 기독교인들 사이에서 암호로 쓰인 기독교의 상징이기도 했다.

콜럼버스가 장거리 대항해를 할 수 있었던 것도 바로 이 절임 대구와 하몽 덕분이다. 그래서 대구를 흔히 '세계 역사를 바꾼 물고기'라고 부른다.

신대륙 유대인

미국에 이민간 초기 네덜란드 유대인들은 맨해튼 어촌에서 그들이 고국에서 취급했던 청어와 대구잡이를 시작했다. 이민자들이 가장 손쉽게 시작할 수 있는 일이었다. 특히 가까운 매사추세츠 근처 케이프 코드 해안Cape Cod Bay에 대구가 많았다. 코드Cod라는 단어 자체가 생선 대구를 뜻할 정도로 그 앞바다는 대구 산란철이 되면 말 그대로 물 반, 대구 반이었다고 한다. 지금도 케이프 코드는 세계 4대 어장 중 하나이다.

먼 바다의 대구가 산란철인 12월에서 3월 사이 연안으로 알을 낳으러 몰려드는데, 알을 낳고 정자를 뿌리기 시작하면 바다가 하얗게 변할 정도였다. 당시 대구가 너무 많아 어선들이 항해하기 힘들 정도였고 뱃전에서 양동이를 내려 대구를 퍼낼 수 있었다는 이야기들이 전해진다.

유대인들이 네덜란드에서 살던 시절부터 대구 잡이와 청어 소금절임은 그들의 주특기였다. 유대인에게 말린 대구는 바다의 빵이라 불릴 정도로 일상적으로 먹는 음식이었다. 금식일이나 종교 절기에는 육류와 누룩 든 빵을 금했기에 말린 대구와 절임 청어를 먹었기 때문이다. 그러다 보니 유대인들은 비버와 대구 잡이를 위해 뉴암스테르담과 케이프 코드 연안으로 몰려들기 시작했다.

1650년이 되자 뉴포트 항구가 위치한 뉴잉글랜드는 대구 무역 덕분에 상업 중심지가 되어 점점 더 많은 사람들이 몰려들었다. 1776년 대구 잡이 항구 뉴포트의 유대인은 1,200명으로 항구 전체 인구의 20%에 이르렀다. 그들은 네덜란드에서 그랬듯이 대구 처리와 소금 절임을 분업화하고 표준화했다. 그리고 철저한 품질관리와 서비스로 전국적인 유통을 장악해 이를 기업화했다. 냉장고가 없던 시절이라 절임 대구는 이윤이 많이 남았다. 유대인들은 잡은 대구를 햇볕에 말리거나 소금에 절여 팔았고 남은 것들은 두고두고 먹었다.

당시 대구 어업으로 부를 축적한 유대인 부자들도 많이 탄생했다. 그 뒤 유대인들은 높은 교육열로 대학 설립에 많은 재정 지원을 했다. 1769년에 설립한 로드아일랜드 대학은 모든 학생에게 종교의 자유를 보장해, 기독교 종교 행사에 유대 학생들의 참여를 면제해주었다. 유대인에게 종교의 자유와 교육은 무엇과도 바꿀 수 없는 절대적인 것이었기 때문이다.

유대인들은 질 좋은 대구는 유럽으로 수출하고 상품 가치가 떨어지는 것들은 카리브해의 사탕수수 농장에 팔았다. 흑인 노예들은 이 대구를 먹고 열악한 환경에서 일했다. 유대 상인들은 그곳에서 당밀을 수입해 럼주를 만들어 아프리카에 팔고, 그렇게 번 돈으로 다시 카리브 해 농장에서 일할 노예를 사 왔다.

영국 왕이 식민지 뉴잉글랜드의 가장 중요한 교역상품인 당밀과 차에 세금을 매기고 대구 무역을 제한하는 법까지 만들자 화가 난 식민지 사람들이 독립전쟁을 벌였다. 1782년 식민지 사람들과 영국 사이의 평화협상에서 가장 해결하기 어려웠던 문제 역시 새롭게 독립한 미국의 대구잡이 권리에 대한 것이었다.

산업혁명이 일어나 점차 고기 잡는 기술이 발달하자 1.5km나 되는 긴 낚싯줄에 1,000여 개의 낚싯바늘을 매단 주낙을 사용하게 되었다. 주낙으로 길이 180cm, 무게 100kg의 거대한 대구를 낚기도 했을 만큼 영향력은 엄청났다. 이런 남획으로 점점 바다 속 대구의 수가 줄어들자 아이슬란드와 영국은 아이슬란드 해의 어업권을 둘러싸고 세 번에 걸친 전쟁을 벌였다.

1975년 아이슬란드는 대구 전쟁을 끝내고 해안으로부터 200해리 내에서는 자국 어선만이 어업을 할 수 있다고 선포했다. 200해리 배타적 경제수역이 탄생한 배경이다.

유럽 귀족들이 자기 그릇에 음식을 담아 수저로
품위 있게 식사하기 시작한 것은 그리 오래되지
않았다. 1602년에 세워진 네덜란드 동인도회
사가 동양으로부터 향신료와 더불어 도자기 식
기를 대량으로 수입한 덕분이었다. 당시 도자기
식기 한 세트의 가격은 집 한 채 가격에 달했는
데도 불구하고, 귀족들은 앞다투어 도자기 식기
를 마련하고 다른 귀족들을 초청해 자기가 얼마
나 우아하게 식사하는지를 과시했다고 한다. 오
늘날 유럽 박물관에는 대부분 도자기 방이 별도
로 있다. 그만큼 당시에 왕족과 귀족들 사이에
도자기가 대유행이었다는 뜻이기도 하다.

IV

Land

근대
: 경제 발전을 이끈
음식 이야기

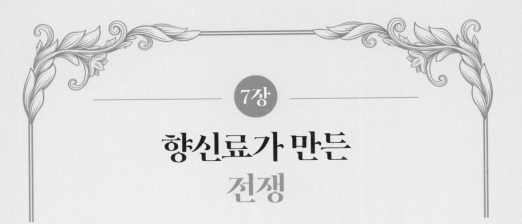

7장

향신료가 만든
전쟁

산지 가격의 몇백 배를 받을 수 있는 향신료 때문에 벌어진 전쟁 중 압권은 육두구와 관련이 있다. 육두구를 차지하기 위한 전쟁에서 영국을 이긴 네덜란드는 육두구 산지인 반다제도와 사탕수수 산지인 수리남의 소유권을 인정받는 대신 뉴욕을 영국에 내주었다.

모험의 역사,
향신료의 역사

신항로를 개척하다

음식의 맛과 향을 돋우는 향신료는 경제사에서 상상 이상의 중요성을 가진다. 대항해시대의 개막과 식민지 획득 경쟁은 바로 향신료를 찾기 위해 시작되었기 때문이다. 따라서 이 시대 모험의 역사는 곧 향신료의 역사라고 할 수 있다.

유럽에서는 육류의 맛을 내는 향신료를 오래전부터 접해왔다. 그 중에서도 인도의 후추, 스리랑카의 계피, 동인도 제도의 육두구, 몰루카 제도의 정향이 대표적이다. 이들은 인도에서 실크로드를 따라 전해졌는데, 후추는 그리스·로마시대부터 소중하게 다루어진 향신료였다.

14세기 초 실크로드를 보호해 주던 원元나라의 힘이 떨어진 틈을 타 오스만제국이 발흥하여 유럽과 동방의 무역로를 차단하자 유럽에서는 후추 등 동방상품의 가격이 폭등하기에 이른다. 생산지 가격의 100배는 보통이었고 육두구 ~Nutmeg~ 의 경우 600배까지 치솟았다. 이러한 때 동양의 향신료를 구할 수 있다면 대박은 따 놓은 당상이었다.

여기에 불을 붙인 것이 마르코 폴로의 《동방견문록》이다. "중국보다 동쪽에 황금의 나라가 있으며, 그곳 사람들은 후추를 물 쓰듯 한다"는 대목에서 유럽인들의 눈은 휘둥그레졌다. 책에는 항주시의 하루 후추 소비량이 4,740kg이나 된다는 놀라운 이야기도 적혀 있었다. 《동방견문록》에는 과장되거나 불확실한 부분도 있지만, 마르코 폴로는 베네치아의 상인답게 향신료의 산지에 대한 기록은 비교적 정확히 작성했다. 이렇게 신항로 개척의 필요성은 한층 절실해져만 갔다.

그렇게 1492년 콜럼버스는 후추와 금을 찾아 인도로 출발했고, 1498년에는 바스쿠 다가마의 포르투갈 함대가 향신료를 찾아 아프리카 남단 희망봉을 돌아 처음으로 아프리카 동쪽 해안에 이르렀다. 그곳에는 많은 이슬람 상선들이 입항해 있었다. 그곳에서 바스쿠 다가마는 아랍인 뱃길 안내자를 만나 단숨에 계절풍을 타고 인도양을 가로질러 인도 캘리컷에 도착했다. 진짜 인도에 도착한 것이다.

그 무렵의 인도는 유럽보다 훨씬 풍요로운 나라였다. 특산물인 향신료 이외에도 갖가지 수공업이 발전해 있었다. 예를 들어 캘리컷의 무명은 매우 고급품이어서 유럽인들은 한눈에 반할 수밖에 없었다. 유럽인들은 이 직물에 캘리코 ~Calico~ 라는 이름을 붙였는데, 이 캘리코에 자극 받아 영국의 산업혁명은 면직물 분야에서부터 시작하게 된다.

바스쿠 다가마 일행은 향신료와 캘리코 등 귀중한 동양 산물을 가득

신고 귀국했다. 그들이 리스본에 2년여 만에 돌아왔을 당시 처음 승선한 170명 가운데 생환자는 겨우 55명뿐이었다. 하지만 인도에서 가져온 상품 견본들은 포르투갈 상인들의 호기심을 끌기에 충분했다. 바스쿠 다가마 일행은 이때 6,000%의 경이로운 이득을 남겼다. 중세 말 지중해 향신료 무역에서 얻을 수 있었던 이윤율은 보통 40%정도였으니 놀라운 숫자가 아닐 수 없다.

그 뒤 신항로의 개척으로 포르투갈 상인들은 동방 산물을 이슬람 상인이나 이탈리아 중개상을 거치지 않고도 들여오게 되면서 엄청난 수입을 보장받게 된다. 이때부터 서구 열강의 동양 진출이 본격화되었다.

포르투갈은 1505년에 인도 고아 Goa 에 총독을 두고 식민지 개척 전략을 펴나갔고 1511년에는 실론과 말레이반도의 말라카도 정복했다. 1515년에는 페르시아 만의 항구 호르무즈를 점령해 포르투갈의 시대를 열었다.

이로써 포르투갈은 본국까지 가지 않고도 식민지에서 아랍 상인들과 거래할 수 있게 되었다. 포르투갈은 1517년에는 중국에 진출하여 마카오를 선점했다. 마카오는 광동성의 거대한 비단 시장을 끼고 있었기 때문에 중계무역으로는 최적의 입지였다. 명나라는 포르투갈이 무역의 대가로 해적을 소탕하겠다는 제안을 받아들였다. 이렇게 해서 포르투갈은 16세기 전반에 후추와 비단 등 동방무역을 독점해 거대한 부를 얻었다.

마젤란의 세계일주

이러한 때 포르투갈의 강력한 경쟁국이 등장한다. 1519년부터 3년에 걸쳐 마젤란의 스페인 함대가 동남아시아를 거쳐 유럽으로 돌아가는 세계일주에 성공한 것이다. 스페인이 진짜 인도 항로를 찾자 포르투갈과 스페인 사이의 경쟁이 본격화되어 세계 곳곳에 두 나라의 중계기지와 식민지가 생겨나기 시작했다. 이는 모두 향신료와 동방상품에 혈안이 되어 있었기 때문이다.

그런데 이변이 일어났다. 스페인 제국의 무적함대가 그간 우습게 보던 영국과 네덜란드 연합군에게 패한 것이다. 이로 인해 16세기 말부터는 동인도 항로의 주인공이 바뀌게 된다. '바다를 지배하는 나라가 세계를 지배한다'는 말도 있지 않은가. 특히 네덜란드의 진출이 활발했는데 유대인들이 주도하는 네덜란드 동인도회사는 17세기 중엽에 말레이 반도에서 자바, 수마트라 등을 비롯해 대만, 일본과 독점 무역권을 수중에 넣어 동남아시아 해상무역을 장악했다.

초기에 영국은 인도를 중심으로, 네덜란드는 인도네시아 위주로 무역을 시작했다. 마르코 폴로에 의하여 인도네시아 동부 몰루카스 섬들에 향료가 풍부하다는 사실이 알려지자 네덜란드인들은 직접 원산지를 찾아 나섰다. 1595년 네덜란드인들은 지금의 자카르타 바타비아에 향료 무역의 근거지를 세우고 포르투갈 사람들을 몰아냈다. 그리고 실론과 케이프 타운에 중간 통상거점을 세우고 거대한 아시아 무역망을 발전시켰다.

향신료는 부피가 적고 공급이 부족한 상황이었기에 매우 수익성이 높은 상품이었다. 정향을 실은 네덜란드의 첫 상선은 무려 2,500%의 순익을 남겼을 정도다. 그 뒤 네덜란드 동인도회사의 유대인들은 경쟁이 심한 인도의 후추를 피해 동남아 향료의 지배권을 확립하고 육두구와 메시스 그리고 정향을 독점 거래했다.

유대인들은 이렇게 완성한 독점 체제로 구입 가격과 판매 가격을 맘대로 조정했다. 생산지 가격은 최저로 억누르고 유럽에서의 판매 가격은 최고 수준으로 유지하는 방법을 사용했다. 이렇게 헐값에 산 향신료들을 가득 싣고 배가 무사히 돌아오면 보통 100배 이상의 시세 차익을 볼 수 있었다. 선장과 선원들은 고향에서 영웅이 되었고 항해에 자금을 댄 상인들 역시 떼돈을 벌었다.

사실 향료 무역은 높은 시세 차익 못지않게 많은 비용과 희생도 뒤따랐다. 향료 구입에 필요한 자금 외에도 훌륭한 대포가 장착된 배와 능력 있고 경험이 풍부한 선장과 선원들을 확보해야만 했기 때문이다. 게다가 위험도 많았다. 17세기를 전후해 3번에 걸쳐 동인도로 파견된 약 1,200명의 영국 선원들 가운데 무려 800명이 항해 도중 괴혈병과 장티푸스로 죽었고 풍랑과 암초를 만나 배가 침몰하기도 했다.

또 현지 저항도 만만치 않았던 데다가 향료를 싣고 오던 배가 적대관계 국가의 무장 범선을 만나 약탈당하는 일도 빈번했다. 심지어는 잔인한 학살극이 일어나기도 해 항해를 마치고 본국에 돌아오는 선원들과 상인들의 수는 소수에 불과했다.

이런 연유로 해상무역을 하는 회사는 군사적으로 적들보다 강해야 했고 식민지를 개척하고 운용하는 지식을 갖추어야 했다. 그런 목적으로

1602년에 설립된 네덜란드 동인도회사는 본국과 멀리 떨어진 곳에서도 사업을 수행하기 위해 주식회사와 국가가 결합된 형태가 되었다. 동인도 회사에 주어진 권한은 정부 권한에 버금갔다.

동인도회사, 권력이 되다

네덜란드 정부는 1602년 유대인들이 대주주로 있는 동인도회사에 아시아 독점무역권을 보장했을 뿐만 아니라 해상교역권 이외에도 식민지 개척 및 관리권도 주었다. 그리고 이에 필요한 협상의 권리와 교역 상대국 안에서 독립적인 주권도 보장해주었다. 아울러 식민지 개척을 위해 회사가 군대를 가질 수 있게 했다.

이렇게 동인도회사는 관리 임명권은 물론 식민지 개척과 운영에 필요한 치외법권과 전쟁선포권도 갖게 되었다. 더불어 조약체결권과 화폐발행권도 주어졌고 외국경쟁자와 싸울 때는 정부의 전폭적인 지원을 받았다. 한 나라에 비견되는 막강한 권리를 갖게 된 것이다.

이 모든 것은 동인도회사의 대주주들에게 자유재량권이라는 이름으로 위임되었다. 한마디로 유대인 대주주들이 동인도회사의 정책과 식민지 정책을 주도하게 된 것이다. 이렇게 최초의 주식회사 동인도회사는 한 손에는 무역, 다른 한 손에는 총을 들고 자본주의를 개척해 나갔다.

17세기에 이르러 네덜란드 동인도회사는 일본에까지 해상교역을 넓혀나갔다. 1609년 일본 히라토平戸에 최초의 네덜란드 무역관을 설치해 차, 도자기, 비단과 더불어 은과 구리도 취급했다. 당시 일본에서 네덜란드와 경쟁 관계였던 포르투갈의 사령관 로푸 드 카르발류도 유대인이었다.

이후 1619년 네덜란드는 자바 섬 서쪽의 수마트라 섬을 침략했다. 그리고 포르투갈로부터 몰루카제도를 빼앗은 후 말라카와 실론까지 점령했다. 이처럼 네덜란드의 동인도회사는 17세기 중엽에 이르기까지 곳곳에 식민지를 세워 무역관을 개설했다. 그렇게 폭력적인 점령으로 만들어진 무역관들은 약 20여 곳에 이르렀다.

당시 동인도회사 유대인들은 삼각무역에 주력했다. 인도네시아의 향신료와 인도의 후추, 무명 및 다이아몬드를 본국에 실어다 팔아 국제 화폐인 은을 마련했다. 그 은으로 인도에 들러 후추와 무명을 샀다. 당시 인도에는 6세기에 설립한 유대인 상인 조직이 있어 교역을 전담했다. 이렇게 산 후추와 무명은 인도네시아에서 향신료, 일본에서 은과 구리와 거래했고, 일본 은은 중국에서 금과 비단으로 바꾸기도 했다. 결국 한 번의 항해로 몇 번의 거래를 거칠 수 있어 수익을 극대화할 수 있었다. 이러한 삼각무역은 오랜 기간 진행되었다.

호르무즈 항구로 날개를 펴다

이러한 네덜란드 동인도회사에 중요한 전기가 도래한다. 아시아 상품이 직접 거래되던 페르시아 만의 호르무즈 항구를 이용할 수 있게 된 것이다. 원래 이 항구는 1515년 포르투갈이 선점하면서 동인도 무역을 독점한 항구였다. 호르무즈는 고대로부터 동양과 서양을 연결해주는 핵심 거점으로 배들이 이곳까지 오면 아라비아 대상들이 물건을 받아 서양에 넘겼다.

그 무렵 유대인을 추방해버린 포르투갈은 그 대신 독일의 거상 푸거Fugger 가문과 손을 잡았다. 푸거 가문은 동방무역을 위한 자금을 지원해 포르투갈이 동인도 무역을 독점적으로 주도하게 만들었다. 인도에서 돌아오는 포르투갈 배가 호르무즈에 도착할 즈음 중동 지역에서는 1,000~4,000여 마리의 낙타로 이루어진 대상들이 상품을 가득 신고 호르무즈에 모여 거래가 이루어졌다.

대부분이 유대인이었던 푸거 가문의 상인들은 이 거래를 통해 돈을 벌어 리스본의 자금을 기다리지 않고도 유럽으로 보낼 향료를 적기에 구입할 수 있었다. 무엇보다도 선박이 인도양 남단을 횡단하여 포르투갈까지 가야 할 필요가 없어지자 연안 항로를 이용해 일 년 내내 교역활동을 할 수 있었다.

당시 원거리 해양무역을 결정하던 가장 중요한 요소는 계절풍이었다. 무역풍이라고도 불리는 이 계절풍은 반년 주기로 풍향이 바뀐다. 이렇게 바뀌는 바람의 방향에 따라 무역상은 한 방향으로 될 수 있는 한 멀리 갔다가 바람의 방향이 바뀔 때까지 그곳에 머물렀다. 이렇게 해상무역 상인들은 바람에 따라 행동반경이 제약되었고, 그다음은 중개 상인들의 몫이 되었다.

포르투갈은 호르무즈를 지배하면서 계절풍이 뚜렷이 나타나는 인도양을 항해하지 않고도 물품을 대상들에게 인도할 수 있게 된 것이다. 본국까지 갈 필요가 없어지자 선박 운행기간이 대폭 단축되어 거래 회전 수를 획기적으로 늘릴 수 있었다. 왕복에 2년 이상 걸리던 뱃길을 6개월 미만으로 단축한 포르투갈의 동아시아 시대는 1세기 이상 지속되었다.

1622년 영국과 페르시아가 호르무즈를 탈환함으로써 포르투갈 시대는 막을 내리게 된다. 그 뒤 호르무즈는 누구나 이용할 수 있는, 자유 교역항이 되어 동인도회사가 본격적으로 동아시아 교역을 주도했다. 네덜란드는 중국과의 무력 충돌을 피하기 위해 이미 기항지로 점령했던 팽호에서 물러나 중국 영토가 아닌 대만을 점령했다. 그 뒤 네덜란드는 1662년 명나라의 정성공에게 쫓겨나기까지 대만에서 인력수출 및 사슴 사냥 등의 사업을 했다.

이어 일본에서 기독교 선교 문제로 포르투갈과 스페인이 쫓겨나자 네덜란드 동인도회사가 1639년부터 일본과의 교역을 독점했다. 이후 아시아 교역에서 네덜란드의 전성기가 펼쳐졌다.

1641년 말라카에 향료항구를 건설하고 남반부 아래로 탐험을 계속했으며, 네덜란드 항해사 아벨타즈만은 오세아니아에서 1642년 뉴질랜드를 발견했다. 섬은 자신의 고향인 네덜란드의 주 질란드Zealand와 닮았다 해서 뉴질랜드New Zealand라고 이름 지어지며 유럽 사회에 알려지기 시작했다. 뉴질랜드를 식민지로 만든 네덜란드 동인도회사는 희망봉을 빼앗고 브라질을 점령했다.

네덜란드는 여기에 그치지 않고 미주 대륙을 공략하기 위해 서인도회사를 만들었다. 그리고 1630년부터 1654년까지 브라질 동북부를 점령해 사탕수수 농장을 만들어 설탕 산업을 본격적으로 키웠다. 설탕 또한 당대 최고의 부가가치 상품이었다. 그 뒤 동인도회사의 유대인들은 1696년 인도네시아에 세계 최초의 커피 농장을 만들어 오랜 기간 동안 커피 수출을 독점할 수 있었다. 돈 되는 곳의 돈 되는 사업은 모두 네덜란드 동인도회사와 서인도회사의 유대인 손아귀에 들어와, 최초의 글로벌 경제를 이룬 것이다.

네덜란드 동인도회사의 만행

포르투갈로부터 몰루카제도를 접수한 네덜란드인들은 가격을 올리기 위해 이 섬에서만 정향을 생산하도록 했다. 정향은 상쾌한 향이 나는 분홍 꽃을 원료로 만든다. 꽃이 피기 직전에 따서 햇볕이나 불을 지펴 말리는데 이 꽃봉오리가 못을 닮았다고 해서 정향丁香이라 하며, 영어 이름인 클로브Clove 역시 클루Clou(못)에서 유래되었다.

고대부터 대표적인 묘약 중 하나인 정향은 향기가 좋을 뿐만 아니라 우리가 쓰는 향료 가운데 부패방지와 살균력이 가장 뛰어나다. 현재도 정향은 햄, 소스, 수프 등 서양요리에서 필수적인 향신료이다.

네덜란드 동인도회사 사람들은 이후에도 무력으로 향신료 시장을 넓혀갔다. 그들은 1760년 암스테르담에서는 가격을 인상시킬 야욕으로 산더미같은 향료 재고를 불태워버리기도 했고 향신료에 다른 품종을 첨가하는 부정도 저질렀다. 그 결과 정향이 소비자의 불신을 초래해 가격이 폭락하기도 했다.

가격이 폭락하게 되자 네덜란드인들은 일부 지역을 제외하고 향료가 자라는 섬에서 정향나무를 모두 뽑아버렸다. 그리고 향료를 불법적으로 재배하거나 거래하는 자들은 모조리 처형했다. 오랫동안 정향에 의존해 왔던 원주민들은 이러한 조치에 몰락할 수밖에 없었다.

1770년 모리셔스의 프랑스인 총독은 몰루카로부터 어렵게 정향나무 씨앗을 훔쳐 동아프리카 농장에서 재배했다. 이후 광범위한 향료 산지로부터 공급이 증가하자 드디어 향료 독점권은 무너져 일반 서민들도 향료를 쉽게 구입할 수 있게 되었다. 오늘날 동아프리카 탄자니아는 세계 정향의 90%를 공급하고 있다. 반면에 정향나무 원산지였던 인도네시아는 오히려 정향의 최대 수입국이 되었으니 역사의 반전이 아닐 수 없다.

오늘날 인도네시아가 가장 많은 정향을 소비하게 된 데는 그럴 만한 이유가 있다. 19세기 후반 인도네시아인들은 담배와 정향을 혼합한 크레텍Kretek이라는 정향 담배를 최초로 생산했다. 피울 때 바삭바삭 소리가 나는 크레텍 담배는 인도네시아에서는 7만 명의 노동자가 생산에 종사할 정도로 수요가 크다. 오늘날 인도네시아인은 세계 정향의 절반을 연기로 날리고 있는 셈이다.[1]

뉴욕과 맞바꾼
육두구 산지

금보다 10배 비싼 향신료

육두구는 인도네시아 반다제도가 원산지로 드라마 〈대장금〉에서 장금이의 미각을 잃게 한 주범으로 알려져 있기도 하다. 17세기 후춧가루는 실제로 같은 무게의 금가루와 가격이 같았는데 그 당시 후추의 10배 이상의 가격으로 거래되는 향신료가 바로 육두구였다.

따라서 네덜란드 동인도회사는 육두구 산지인 반다제도를 장악하는데 사활을 걸었다. 1621년 네덜란드인들은 1,000여 명의 군인들과 10여 척의 전함을 이끌고 반다제도로 쳐들어갔다. 여기에는 일본인 용병인 사무라이들까지 있었다.

그들은 영국군을 물리치고 원주민 대부분을 죽이고 부락을 불태웠으며 살아남은 사람들을 노예로 만든 뒤 네이라 섬에 식민 지배를 위한 나

소 요새를 건설했다. 네덜란드는 이러한 야만적 침탈로 육두구를 독점 매매할 수 있었다. 이렇게 자본주의의 종자돈은 대항해시대의 무수한 살육과 약탈 행위를 통해 마련되었다.

네덜란드의 동인도회사는 육두구 가격을 통제했는데 가격이 비싸지면 대량으로 재배했고, 반대로 가격이 떨어지면 육두구 나무들을 모조리 뽑아내는 식으로 시세를 조정해서 이득을 보았다.

육두구는 열매 속에 든 씨앗 부분을 갈아서 만드는데 후추나 정향과 비교해 고급스런 향미가 나며 누린내나 비린내를 제거하는 데 탁월하다. 씨앗을 감싸고 있는 붉은 껍질 역시 향신료로 쓰이는데 이를 메이스Mace 라는 명칭으로 부른다. 유럽에 메이스가 처음 들어왔을 당시에는 씨앗인 육두구보다 인기가 많았다. 때문에 육두구와 메이스의 관계를 몰랐던 네덜란드 동인도회사 경영자들이 반다제도에서 육두구 나무를 전부 베어 버리고 메이스 나무를 심으라는 명령을 했다는 일설도 있다.

1660년 영국의 2차 항해조례 법안은 설탕, 담배, 목화 등 중요 상품은 식민지로부터 영국과 영국령으로만 수출한다는 내용을 담고 있었다. 당시 무역 강국인 네덜란드의 목을 조르자는 의도였다. 1663년 3차 항해조례는 여기서 더 나아가 유럽 대륙에서 아메리카 영국 식민지로 수송되는 모든 화물은 영국에 들른 후 식민지로 재선적하라고 규정했다. 이는 다른 국가로부터 식민지로 향하는 화물에 영국 관세를 부과함으로써 식민지와 다른 국가 간의 직접무역을 제한하려는 의도였다.

결국 영국과 네덜란드는 1665년 다시 전쟁을 시작해 그해 7월 브레다 조약으로 종결했다. 1667년 2차 전쟁은 네덜란드의 승리였다. 승전국 네덜란드는 육두구 산지 반다제도와 사탕수수 산지인 수리남의 소유권을 인정받는 대신 뉴욕을 영국에 내주었다. 당시로서는 육두구와 사탕수수 산지가 경제적 가치가 더 높았지만 지금에 와서 보면 뉴욕을 포기한 건 큰 실수였다. 이 또한 역사의 아이러니라 하겠다.

세계를 자극하는 빨간 맛,
고추

신대륙 발견의 또 다른 보물

한국인의 대표적인 음식을 꼽으라면 단연 김치이다. 특히 겨울철에 온 가족과 친척들이 둘러앉아 김장을 담그고 나누어 먹던 풍습은 고유의 문화이기도 하다. 이러한 우리의 김장 문화는 2013년 유네스코 인류 무형문화유산으로 등재되기도 했다.

1492년 신대륙에 도착한 콜럼버스는 자신이 밟은 땅이 인도라 굳게 믿었지만 그곳은 아메리카 대륙이었다. 결국 콜럼버스는 후추 대신 감자와 고추를 발견하는데, 콜럼버스가 자신의 일기에 '후추보다 더 좋은 향신료'라고 평했을 정도로 고추는 매력적인 맛을 지니고 있었다.

이후 콜럼버스에 의해 유럽으로 전해진 고추는 매운 맛에 익숙하지 않은 유럽인들에게는 그리 환영받지 못했지만 16세기 포르투갈과 네덜란드 상인에 의해 아시아와 아프리카로 퍼져나갔다. 그렇게 고추는 1세기 만에 전 세계로 전해져 많은 사람의 입맛을 사로잡게 되었다. 신대륙과 함께 발견한 또 다른 보물이었던 셈이다.

그런데 왜 고추는 후추pepper와 종 자체가 전혀 다른데도 빨간 후추Red pepper라는 이름으로 불리게 되었을까? 1493년 콜럼버스가 인도를 발견했다는 증거로 고추를 스페인에 가져오면서 후추를 대체할 수 있다고 생각해 이름을 붙인 것이 그 시초이다.

한편 우리가 잘 알고 있는 달콤한 고추, 파프리카는 어떨까? 부드러운 고추의 변종인 파프리카는 아메리카 대륙의 열대지역에 뿌리를 두고 있다. 터키를 대표하는 향신료로 쓰인 파프리카는 오스만제국 당시엔 헝가리로 전파되었다. 파프리카는 단맛부터 매운맛까지 다양한데 이 중 순한 맛의 파프리카 가루는 헝가리를 대표하는 향신료가 되었다. 헝가리식 쇠고기 스튜 굴라시Goulash는 파프리카를 활용한 가장 대표적인 음식이기도 하다.

중독성 있는 매운 맛

고추는 전 세계로 퍼져나가는 과정에서 새로운 효용의 향신료로 자리 잡았다. 매운 맛이 나는 고추는 해충 번식을 예방했기 때문에 고추가 들어가지 않은 음식과 비교해 더 오래 보존할 수 있었다. 또 고추는 식욕을 북돋아주는 기특한 식재료이기도 하다.

고추의 매운 맛을 내는 캡사이신 성분은 원래 식물이 동물로부터 자신을 지키기 위한 물질이다. 그러나 인간이 고추를 먹으면 캡사이신이 내장 신경을 자극해 아드레날린 분비를 촉진하고 혈액 순환을 개선하는 유익한 효과가 있다.

사실 캡사이신 성분의 매운 맛은 미각이 아닌 통각으로 매운 맛은 일종의 통증인 셈이다. 일단 혀가 통증을 느끼면 몸은 그 통증의 원인인 고추를 빠르게 소화하고 분해시키기 위해 위장을 활발하게 움직인다.

우리 몸이 캡사이신의 독성을 중화해 배출하기 위해 다양한 기능을 총동원하면서 혈액 순환이 빨라지고 이마에 송골송골 땀이 맺힌다. 갑작스러운 캡사이신의 침투로 몸에 이상이 생겼다고 판단한 뇌는 엔도르핀을 배출한다. 엔도르핀은 뇌에서 분비하는 호르몬의 일종으로 진통 작용을 하며 피로와 통증을 완화해주는 역할을 한다. 결과적으로 사람은 매운 맛 덕분에 쾌감을 맛보게 되는 것이다.

전 세계로 퍼져나간 고추는 그 종류만 해도 150여 가지에 이를 만큼 매운 맛도 제각각이다. 기피 물질의 특성상 기온이 높은 곳에서 자라는 고추가 매운 맛도 더 강하다. 고추는 보통 가루나 소스 형태로 여러 나라에서 애용되곤 하는데 고추장 형태로 만들어 먹는 나라는 우리나라가 유일하다.[2]

세계 곳곳에서 지금도 고추의 매운 맛을 즐기고 있다. 우리가 고추장을 즐겨먹듯 고추의 원산지인 멕시코에서는 살사, 타바스코, 칠리 등 매운 소스가 발전했다. 동남아에서도 덥고 습한 날씨로 음식에 곁들이는 양념이 발달해 인도네시아의 삼발, 태국의 남프릭 등 매운 소스가 개발되었다. 태국에서는 똠양꿍 등 요리에 고추를 듬뿍 집어넣고 인도에선 매운 품종의 고추를 많이 생산한다. 특히 아삼지역은 엄청난 매운 맛을 자랑하는 부트졸로키아 고추가 재배되는 것으로 유명하다.

고추의 한국 입성

　고추는 우리 식탁에서 빼놓을 수 없는 향신료이지만 역사는 그리 길지 않다. 고추가 국내로 들어오게 된 시기를 놓고 지금도 의견이 분분하지만 임진왜란 즈음에 일본으로부터 들여온 것이라는 설이 일반적이다.

　중남미에서 유럽으로 건너 온 고추는 포르투갈 무역선에 실려 1540년대 마카오와 중국 무역항에 도착한 뒤 1543년 포르투갈 상인을 통해 일본 규슈까지 전해졌다. 이후 고추는 일본을 거쳐 지금의 부산인 동래 왜관에서 본격적으로 재배되기 시작했다고 한다. 임진왜란 이전에 이미 고추가 경상도 일대로 퍼져나간 것이다. 재배가 어렵지 않은 덕분에 고추는 남에서 북으로 점차 확산되어 갔다.

　여기서 고추의 단짝인 김치를 빼놓을 수 없다. 한국을 대표하는 김치는 매운 맛을 가장 잘 보여주는 음식이다. 하지만 김치가 원래부터 매웠던 것은 아니다. 김치의 어원은 국물이 많은 절인 야채란 의미의 침채沈菜인데, 여기에 고추를 넣어 담그게 된 때는 1700년경부터라고 한다. 그 전까지는 마늘이나 산초, 생강, 파 등의 매운 맛을 내는 향신료를 사용하고 소금으로 간을 해 발효시켜 먹었다.

1614편 편찬된 《지봉유설》에선 고추가 일본에서 전래되었다 해서 '왜倭개자'라 불렀으며 이익은 《성호사설》에서 '왜초'라고 일컬었다. 당시엔 고추를 일본(왜)이 조선인을 독살할 목적으로 가져온 독초로 취급해 멀리해오다 향신료 가격이 오르면서 점차 주목받게 되었다. 18세기 들어 고추가 김치나 젓갈의 변질 방지와 냄새제거의 용도로 사용되면서 비로소 매운맛의 재료로서 자리 잡을 수 있었다.

그 뒤 고추를 고초苦草, 苦椒라고 불렀는데 이는 후추같은 고미苦味, 즉 매운 맛을 내는 식물이라 하여 붙인 이름이다. 이러한 과정을 거쳐 고추의 매운 맛이 서민들 밥상에 정착하게 된 것은 불과 19세기 초였다. 한국 요리가 매워진 역사도 실제로는 200년 남짓밖에 되지 않았다는 이야기다.

고추는 단순한 양념에서 나아가 민속주에도 사용되었다. 고춧가루를 탄 감주는 감기를 낫게 하는 약으로 쓰였다. 또 신경통, 동상, 이질, 담 등의 민간요법에 쓰이기도 했다. 일례로 한국 사람들은 이질 등 세균감염성 소화기 질환에 비교적 강한 반면, 매운 걸 잘 먹지 못하는 일본인들은 이질에 매우 약한 걸 보면 고추가 확실히 내장 등 소화기관을 강하게 만드는 것 같다.

우리에게 너무나도 친숙한 고추는 우리 민족과는 떼려야 뗄 수 없는 찰떡궁합의 향신료이다. 우리나라는 1인당 1일 고추 소비량이 7.2g으로 전 세계에서 가장 고추를 많이 먹는 민족이며 매운 고추를 고추장에 찍어 먹는 유일한 나라이다. 명실상부한 매운맛 대국이라 하겠다.

8장

경제를 바꾼
식재료

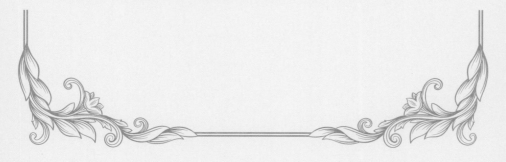

청어가 자본주의를 탄생시켰다면 믿겠는가? 하지만 사실이다. 1492년 스페인에서 쫓겨간 유대인들은 네덜란드에서 청어 산업에 종사하며 조선업을 발전시키게 된다.

자본주의를 잉태한
청어

보관 기간을 늘려라!

중세 유럽에서는 청어와 대구가 곧 화폐였다. 크기와 모양을 가급적 똑같이 만들어 말린 후 곡식, 옷, 도구 등 온갖 물건으로 교환해왔다. 이 가운데서도 네덜란드를 부강하게 만든 청어에 관한 이야기는 무척이나 흥미롭다.

우리가 겨울철에 말려 과메기로 먹는 생선이 꽁치와 청어로 기름지고 맛이 좋아 말리면 독특한 풍미가 살아난다. 유럽에서도 이 청어의 인기가 좋았지만 염장 후 말린 청어보다는 신선도를 어느 정도 유지하는 절임 청어의 인기가 더 높았다.

1425년 해류가 변하면서 발트해에서 잡히던 청어는 네덜란드 앞바다 북해로 몰려들었다. 이에 네덜란드 사람들은 너도나도 청어잡이에 나서 매년 여름 약 1만t의 청어를 잡아들였다. 네덜란드 인구 100만 명 중 30만 명이나 청어잡이에 종사했던 걸 보면 청어는 그야말로 네덜란드 전 국민의 밥줄이나 다름없었다.

네덜란드 사람들이 이처럼 청어잡이에 목을 맨 데는 나름 이유가 있었다. 국토 대부분이 저지대로 바다보다 낮은 늪지에서는 목축업은 물론 농사도 어려워 먹을 것이 귀했던 것이다. 오죽하면 함께 식사를 해도 자신이 먹은 분량을 스스로 책임져야 하는 더치페이Dutch pay가 네덜란드에서 발달했겠는가.

이렇게 중요한 청어잡이에도 심각한 문제가 있었는데 청어가 맛은 좋지만 빨리 상했다는 것이다. 지방이 없는 청어는 바다에서 잡은 지 24시간 내에 절여야 해서 어부들은 생선이 변할까 조업 중에도 급히 회항하곤 했다. 그렇게 회항을 자주 하다 보니 배를 먼 곳까지 끌고 갔다 돌아오는 기름 값이 많이 들게 되었다.

그런데 네덜란드에서 이런 문제를 해결할 혁신적인 방안이 등장했다. 1358년 빌렘 벤켈소어라는 한 어민이 반짝이는 아이디어를 냈는데 생선을 잡는 즉시 작은 칼로 배를 갈라 내장을 꺼내고 머리를 잘라 버리는 것이다. 그는 이렇게 가공한 청어를 소금 대신 함수鹹水에 절여 통에 담아 보관하는 통절임 방법도 고안했다. 함수는 바닷물을 끓여서 85% 정도의 수분을 날려 보낸 높은 염도의 소금물을 말한다.

옛날부터 소금은 비싼 필수품이었다. 특히 연중 일조량이 적고 갯벌이 거의 없는 유럽에서는 소금 만들기가 무척 어려워 귀할 수밖에 없었다. 때문에 기껏 청어를 잡았다 해도 비싼 소금값 때문에 충분한 절임 청어를 만들기 어려웠다. 그래서 네덜란드 사람들은 선상에서 임시방편으로 소금 대신 함수를 생각해냈다. 암염광산에서 캐내어 정제를 거쳐 만드는 암염과 비교하면 그저 바닷물을 끓여 만든 함수는 거저나 다름없었다.

이 방법을 이용해 선상에서 청어를 가공해 절이기 시작하자 전보다 수십 배나 많은 양을 생산하는 것이 가능해졌다. 무엇보다 생선이 상할까 두려워 급히 회항하지 않아도 되었다. 이후 네덜란드 어선들은 느긋하게 조업을 하면서 청어를 가득 실어 돌아올 수 있었고 네덜란드는 청어 산업에서 경쟁국들을 밀어내고 대성공을 거둘 수 있었다.

한 어부의 번득이는 아이디어와 칼 한 자루 덕분에 저렴하게 생선을 오랜 기간 신선하게 보관할 수 있게 된 것이다. 훗날 신성로마제국의 황제 샤를 5세가 빌렘의 공을 기려 그의 동상을 세웠을 정도로 이는 대단한 발전이었다.

배에서 절여진 청어는 육지에 돌아와 소금에 한 번 더 절여졌다. 암염으로 정제해 만든 소금 값은 무척 비쌌지만 보관기간을 1년 이상으로 늘릴 수 있었기에 꼭 사용해야만 했다. 그래서 절임 청어 원가의 대부분은 청어가 아닌 소금이 차지했다.

식량이 부족하고 냉장고가 없던 시절이라 보관기간을 획기적으로 연장시킨 절임 청어는 전 유럽에서 인기가 높을 수밖에 없었다. 특히 절임 청어는 1년에 140일이 넘는 기독교 육류 금식기간에 불티나게 팔려나갔다. 유럽 각지에서 몰려온 상인 수백 명이 매일 아침 소금에 절인 청어를 유럽 전역으로 가져가 돈을 벌었다.

중상주의와 더치 헤링

암흑의 중세가 끝나고 16세기 근대의 여명이 밝아오자 스페인에서 추방당해 종교의 자유가 보장된 북해 저지대로 몰려든 유대인들이 주축이 되어 중상주의重商主義의 꽃이 피기 시작했다.

중상주의란 말 그대로 상업을 중시하는 정책으로 중상주의 사상은 한 나라가 부강하려면 무역을 통해 국부를 늘려야 한다고 주장했다. 즉, 당시의 돈인 금, 은을 벌어 축적해야 한다고 생각한 것이다. 이렇게 중상주의는 중금주의Bullionism라고 할 만큼 화폐를 중시했다. 그래서 화폐를 늘리기 위해 수출을 장려하고 수입을 억제했다.

값싼 원료의 확보와 수출 확대를 위해 해외 식민지를 개척하는 것도 정부의 중요한 몫이었다. 한 마디로 중상주의는 국부를 증대하기 위한 정부의 전 방위적인 계획과 간섭이라 하겠다. 이렇게 네덜란드는 중상주의를 추구하면서도 개인의 자유무역을 존중했다. 한 마디로 장사의 귀재인 유대인의 세상이 열린 것이다.

앞서 살펴본 것처럼 네덜란드에서 절임 청어를 만드는 데 소금은 필수적이었다. 당시 소금은 대부분 독일이나 폴란드 암염을 상업 동맹인 한자동맹Hanseatic League 무역망을 통해 공급받았다.

이 같은 환경에서 네덜란드로 건너온 유대인들은 절임 청어에 쓰이는 소금에 주목하기 시작했다. 그들은 자신들이 살았던 이베리아 반도 북부의 바스크인들이 값싸고 질 좋은 천일염으로 절임 대구를 만들던 일을 기억해냈다. 이윽고 그들은 바스크 천일염을 수입해 독일산 암염을 대체하기 시작했다. 이러한 과정으로 유대인은 소금의 품질은 높이고 가격은 낮춰 소금 유통의 독과점체제를 이룰 수 있었다. 이는 네덜란드를 소금 중개무역 중심지로 만들어준 중요한 시초가 되었다.

한편 1년 이상 보관이 가능해진 절임 청어는 해군과 상선들에게도 필수품이 되었다. 유대인은 이들에게 절임 청어를 정기적으로 공급하는 한편 이를 경쟁력 있는 상품으로 만들어 전 유럽에 판매했다.

지금도 네덜란드 사람들은 절임 청어, 더치 헤링Dutch herring을 즐겨먹는다. 청어의 꼬리를 잡고 통째로 먹기도 하고, 양파를 곁들여 샌드위치로 만들어 먹기도 한다. 더치 헤링 샌드위치는 청어의 향과 양파가 조화를 이룬 국민 음식으로 사랑받고 있다.

네덜란드의 시대가 열리다

그 무렵 유대인과의 소금 유통 경쟁에서 밀린 한자동맹 도시들은 서서히 힘을 잃고 역사 속으로 사라졌다. 소금이 다시 한번 경제권역 간의 주도권을 바꾼 것이다.

당시 한자동맹이 망한 이유는 또 있었다. 그들은 상품을 판매할 때 유대 상인들이 발행하는 환어음을 거부하고 현지 화폐만 받는 방식을 고수했다. 그러니 당시 북부 이탈리아와 플랑드르 상권을 쥐고 있었던 유대 상인과는 상업이 연계될 수 없었다. 그러던 차에 소금의 독점적 공급이 깨지고 판매가 줄면서 금융 유동성조차 줄어들게 되자 급격히 쇠퇴한 것이다.

유대인들은 청어를 절이고 남는 천일염과 정제소금을 인근국들에 싼 값에 팔아 소금 유통을 완전히 장악했다. 이렇게 유대인들은 유통시킬 국내자원이 부족해지면 경쟁력 있는 원자재나 상품의 부가가치를 높여 재수출하는 중계무역을 키워나갔다. 네덜란드의 척박한 환경이 오히려 전화위복이 된 셈이다.

유대인은 소금을 장악한 것에서 나아가 청어 산업 전반에도 일대의 혁신을 이루었다. 분업화를 도입해 고기 잡는 사람, 내장을 발라내는 사람, 소금에 절여서 통에 넣는 사람 등을 지정해 작업을 진행했다. 숙련공은 1시간에 약 2,000마리의 청어 내장을 발라낼 수 있었고 그 결과 절임 청어의 생산량은 획기적으로 증가했다. 그렇게 청어 절임은 포획부터 처리와 가공, 그리고 수출까지 일괄 공정으로 기업화되면서 본격적인 산업으로 자리 잡게 되었다. 16세기에서 18세기까지 유럽인들이 소비한 생선의 60%는 대구, 나머지 40%의 상당 부분은 청어로 추정될 정도다.

이후 유대인은 네덜란드에 오늘날 수협과도 같은 어업위원회를 만들었다. 의회로부터 법적 권리를 부여받아 청어 산업을 체계적으로 관리하고 감독한 것이다. 어업위원회는 품질관리를 위해 저장용 통의 재질과 소금의 종류, 그물코의 크기를 정했고, 가공품의 중량과 포장 규격 등 엄격한 기준을 만들어 품질 유지에 힘썼다. 이러한 분업과 표준화 과정을 통해 네덜란드의 청어 산업은 고부가가치 산업으로 발전해 유럽에서 독보적인 경쟁력을 확보할 수 있었다.

이리하여 네덜란드는 유럽의 무역 주도권을 획득했을 뿐만 아니라 포르투갈로부터 동방상품의 유럽 유통권을 인계받았다. 이후 본격적인 네덜란드 시대가 전개된다.

그 무렵 소금보다 비싼 것이 설탕이었다. 앤트워프의 설탕 정제산업은 1585년 이후 자연스럽게 유대인을 따라 암스테르담으로 넘어왔다. 그렇게 암스테르담은 앤트워프를 대신하여 원당의 새로운 집산지이자 당대 최고의 상업 도시로 발돋움했다. 설탕과 마찬가지로 앤트워프의 다이아몬드 산업도 자연스레 암스테르담으로 넘어왔다.

조선업 발전과 갤리온선의 등장

1450년경 역풍에 유리한 삼각돛과 순풍에 유리한 사각범의 장점을 혼용한 갤리온선이 등장했다. 콜럼버스가 신대륙을 발견할 때 사용한 배도 바로 갤리온선이다. 강한 계절풍을 타고 큰 바다를 항해하는 데 적합한 자이빙이라는 해상 기술을 앞세운 주인공이 등장하자 기존에 인간의 힘으로 노를 저어 움직이던 갤리선은 역사의 뒤안길로 사라졌다. 해상무역이 증대하자 갤리온선의 크기는 점차 늘어나 15세기에는 400t 정도였던 것이 16세기에는 1,000t 이상이 되었다.

이후 해적의 출몰이 잦아지자 16세기에 적을 제압하기 위한 목적으로 크게 만들어진, 전용 갤리온선이 등장했다. 16세기 말엽에는 갤리온선의 크기는 더욱 커졌다. 갤리온선은 보통 1,000t에서 2,000t 규모로 건조되는데 거대한 몸집에 비해 길이를 늘리고 폭을 줄여 물의 저항을 최소화

┃ 갤리온선

해 만들었다. 이러한 갤리온선의 등장은 자연스럽게 해상무역을 증대시켰고 많은 식민지에 유대인들이 모여 상업 활동을 하는 디아스포라가 생겨났다.

원래 유대인들은 중세 해양국가 제노바와 베네치아 이래로 선박 제조와 항해에 남다른 기술을 갖고 있었다. 이 기술은 스페인과 포르투갈에 전해져 대항해 시대를 여는 원천기술이 된다. 이후 갤리온선의 덕을 톡톡히 본 것은 바로 네덜란드로 유대인들 덕분에 해상무역뿐만 아니라 조선업 경쟁력에서도 강자가 되었다.

청어잡이와 고래잡이가 호황을 누리다 보니 배들이 더 많이 필요해졌다. 이는 자연스레 조선업 발전으로 이어졌고 화물선 제작 능력 또한 나날이 좋아져갔다. 네덜란드 산업의 발전은 이처럼 수산업에서 시작해 조선업까지 이어졌다.

16세기 중반부터 네덜란드 선박은 유대인 주도로 경량화와 표준화에 승부를 걸었다. 배가 가벼워야 빨리 항해할 수 있고 만들기 쉽기 때문이다. 따라서 배의 크기를 키워 화물 적재량을 극대화하는 방향으로 진화했다. 경쟁국인 영국의 배들이 중무장한 채 사람을 많이 태울 목적으로 튼튼하게 건조하는 데 중점을 두었다면, 네덜란드 선박들은 최소의 선원으로 최대의 경제효과를 얻는 데 초점이 맞추어진 것이다.

네덜란드에서는 1570년에 표준화 된 보급품 수송함의 대량 건조기술이 개발되었다. 실로 경제사에 한 획을 그을 만한 대단한 기술이었다. 이렇게 만들어진 가벼운 수송함의 가장 큰 특징은 이전에 만들어진 배와 비교해 1/5정도 인원만으로도 운행이 가능해졌다는 점이다. 게다가 철저한 표준화로 건조비용은 영국의 60%에 불과했다. 이는 곧 화물유통 경쟁력의 차이로 이어지게 된다.

1620년에 이르러 네덜란드는 2,000척이 넘는 선박을 보유하게 되었다. 대부분이 70t에서 100t에 이르는 청어잡이 어선이었고 일부가 대형 상선과 포경선이었다. 1669년에는 청어잡이와 가공, 통 제작, 어선 건조 등 관련 산업에 종사하는 사람의 수가 약 45만 명에 달했다. 당시 네덜란드 노동 인구의 태반이 청어와 관련된 산업에 종사하는 셈이었다. 이 정도라면 네덜란드 경제를 일으킨 것이 청어라고 해도 과언이 아니다.

죽기 아니면 살기로

영국도 국운을 걸고 해운업에서 자리를 지키고자 노력했지만 네덜란드 유대인들의 과감한 모험정신 앞에는 어쩔 수 없었다. 그 무렵 다른 나라 바다를 지나기 위해서는 통행세를 물어야 했다. 통행세 부과기준은 갑판의 넓이였다. 당시는 해적들의 출몰이 빈번하여 대부분 배는 양 옆으로 많은 대포를 장착하고 다녔다. 그러기 위해서는 단단하고 굵은 목재를 써서 갑판을 키울 수밖에 없었다.

그러나 네덜란드 유대인들은 말 그대로 죽기 아니면 살기 식으로 대포를 장착하지 않거나 무장을 최소화해 12~15문 정도의 대포만 설치하는 방식을 택했다. 상대적으로 값싼 나무로 화물칸을 넓게 만들고 갑판은 좁게 만들어 제작 경비와 통행세도 절감하는 방안을 채택했다. 그래서 네덜란드 선박은 옆은 배불뚝이처럼 통통하고 둥글지만 갑판은 매우 좁았다. 게다가 대포를 장착하지 않은 배는 가벼워 해적선을 만났을 때 재빨리 도망칠 수 있는 이점도 있었다. 이로써 네덜란드인은 '바다의 마부'라는 별명을 얻게 되었다.

이 배를 플류트Fluyt선이라고도 불렀는데 오늘날의 컨테이너선인 셈이다. 돛이 매우 효율적으로 배치되어 있었는데, 설계는 초기 갤리온선의 설계와 유사해 그리 크지 않았다. 보통 플류트선 한 척의 적재용량은 250t~500t에 길이는 25m 내외였다. 배불뚝이 저중심 설계의 배는 출발과 정지가 쉽고 폭풍우 같은 악천후에도 잘 견뎠다. 선박 건조비도 저렴해 영국에서 제작할 경우 1300파운드에 이를 경비가 네덜란드에서는 800파운드로도 족했다.

결과적으로 발트해에서 다른 나라 선박이 1번 왕복할 동안 플류트선은 2번 왕복할 수 있었다. 플류트선의 승선 인원은 보통 9~10명으로 영국의 동급선박 30명과 비교해 인건비도 저렴했다. 유대인들은 이렇게 목숨을 담보로 화물운송비를 1/3로 낮출 수 있었고 네덜란드는 세계 해운업계를 평정했다.

이런 장점들로 해상운송 물량이 폭증하자 유대인들은 배를 대량 건조했다. 이를 위해 조선소의 설비와 자재, 계측장비 등을 표준화했다. 청어 산업에 이어 유대인의 장기가 조선업에서도 위력을 발한 것이다. 이로 인해 배를 저렴하고 빠르게 건조할 수 있게 되어 네덜란드는 16세기 중엽에 이미 북방무역의 70%를 장악했다. 보유 상선 숫자는 나머지 유럽의 상선 수보다도 많은 1,800척이었다.

동인도회사의 설립

그 무렵 네덜란드 선주들은 자체적으로 새로운 항로를 개척해 항해에 나섰다. 이런 회사들이 몇 년 사이에 14개로 늘어나다 보니 곧 지나친 경쟁이 문제가 되었다. 게다가 스페인과 영국 등과 경쟁하기 위해서는 규모가 크고 강한 회사가 필요했다. 이 문제를 해결하기 위해 네덜란드 정부와 의회가 나서서 합병을 유도했다. 그 결과로 탄생한 것이 동인도회사다.

그 무렵 동양 탐험에는 엄청난 자본이 필요했다. 부유한 한두 사람의 힘으로 해결될 문제가 아니었다. 이때 유대인들은 그들이 앤트워프 시절에 시도했던 주식회사라는 기발한 개념을 다시 생각해낸다. 동인도회사 설립에 필요한 자본을 당시 해상무역을 주도하던 선주들의 투자로 충당하는 방법이다. 곧 약 645만 길더와 금 64t이라는 엄청난 액수가 모아졌다. 동인도회사는 이렇게 모은 자본으로 설립한 근대 최초의 주식회사였다.

이렇게 각종 사업에 필요한 자금을 주식회사라는 형태를 통해 여러 사람으로부터 모은다는 생각을 최초로 한 이들이 유대인들이었다. 이러한 상상이 모태가 되어 선진화된 금융시스템을 바탕으로 탄생한 동인도회사는 영국의 동인도회사보다 8배가 넘는 대규모 경영을 할 수 있었다. 자본주의의 꽃이라 일컫는 근대적 의미의 주식회사는 이렇게 세상에 등장했다.

그 뒤 해운업의 발전은 네덜란드를 물류산업 중심지로 만들었고 물류

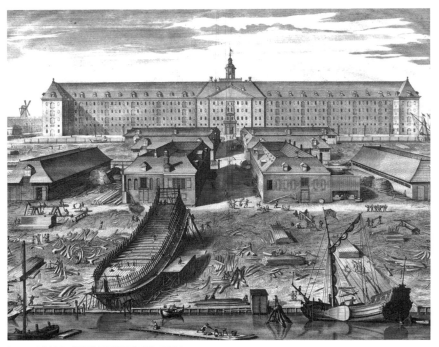

▌1726년 암스테르담 동인도회사의 조선소

산업의 발달은 자연스럽게 네덜란드를 중계무역 중심지로 만들었다. 또 무역업의 발전은 이를 지원하는 금융업과 보험업의 발달을 가져왔다. 이 과정에서 동인도회사의 주식을 사고팔 수 있는 증권거래소도 세워졌다.

그 무렵 네덜란드는 세계 물류의 중심으로 중계무역을 하며 유통되는 수백 가지의 화폐에 불편함을 느꼈다. 그래서 태어난 것이 화폐의 통일을 목적으로 한 암스테르담은행이었다. 이는 근대적 의미에서 중앙은행의 모태가 된다고 하겠다.

이렇게 네덜란드에서 자본주의 씨앗인 주식회사, 증권거래소, 중앙은행이 차례로 탄생했다. 이후 암스테르담은행은 신용대출을 선보이고 2~3%대의 저금리 대출을 시행해 산업혁명이 싹틀 수 있는 환경을 구축했다. 이를 토대로 네덜란드는 세계 무역과 자본주의 중심국으로 우뚝 서게 된다. 결과적으로 청어가 조선업과 해운 발전에 지대한 공헌을 하면서 중상주의를 활짝 꽃피워 자본주의를 탄생시킨 셈이다.

노예들의 피눈물,
설탕

달콤함의 기원을 찾아서

우리는 가끔 우울할 때나 기분전환이 필요할 때 달콤한 맛을 찾아 마음을 달래곤 한다. 달콤함은 심리적인 안정과 행복감이 들게 하기 때문이다. 사실 굳이 찾지 않아도 우리가 흔히 접하는 음식에는 늘 설탕이 녹아 있다. 하지만 이 달콤함 뒤에는 흑인 노예들의 비극과 인류의 경제사가 담겨 있다.

고대에 달콤한 맛을 내는 재료는 꿀이었다. 설탕이 알려지기 시작한 것은 기원전 327년 알렉산더 왕 때였다. 당시 인도로 원정을 간 네아르쿠스 장군은 갈대 같은 식물 줄기에서 꿀처럼 보이는 것을 발견했고, 이후 사탕수수는 아랍지역으로 퍼져나갔다.

8세기경 이슬람이 이베리아 반도를 지배하면서 기온이 높은 남부 안

달루시아 지방에서 사탕수수가 경작되었다. 15세기 포르투갈의 대항해 시대부터 아프리카에서 사탕수수가 재배되고, 스페인의 신대륙 점령과 함께 재배 지역이 중남미로 확산되었다.

설탕은 후추와 함께 유럽의 중요한 동방무역 품목이었다. 1453년 오스만투르크의 콘스탄티노플 함락은 설탕 교역에 큰 변화를 불러왔다. 사탕수수 재배 지역인 이집트와 키프로스가 점령되면서 유럽으로의 설탕 공급이 끊겼고 사탕수수 생산은 주로 신대륙에서 이루어지게 되었다. 이렇게 설탕이 유럽으로 수출되면서 정제산업이 발달하게 된다.

1612년 네덜란드 동인도회사는 신대륙에 위치한 맨해튼 섬에 뉴암스테르담, 지금의 뉴욕을 건설하기 시작했다. 그들은 1621년 아메리카 항로만을 담당하는 서인도회사를 설립했는데, 무역과 식민지 활동을 독점 수행하는 특권회사로서 해적질도 서슴지 않는 전쟁기업이었다. 이들은 브라질 북부와 베네수엘라 연안군도 및 기아나를 지배해 무역기지로 삼으면서 모피, 노예, 사탕수수 등을 집중 거래했다.

당시 포르투갈에서 추방되어 네덜란드로 이주한 많은 유대인들이 브라질에 건너갔다. 이들은 1630년 레시페 등 3개 도시를 거점으로 사탕수수를 재배했으나 이러한 평화도 그리 오래 지속되지 못했다. 포르투갈이 다시 브라질 식민지의 주도권을 잡자 네덜란드가 1654년 1월 헤시피를 포르투갈에 양도한 것이다. 그러자 그곳에 살던 유대인 1,500명은 이번에는 카리브 연안으로 옮겨갔고 일부는 네덜란드로 되돌아갔다. 이때부터 서인도제도에서는 유대인들의 사탕수수 농장이 대규모로 운영되었다.

그렇게 서인도제도의 사탕수수 농장이 이윤이 남는 장사라는 것을 깨달은 유대인들은 아프리카로부터 흑인 노예를 사들여 그 지역에 대규모 사탕수수 플랜테이션을 만들기 시작했다. 이후 이른바 노예, 담배, 설탕의 삼각무역으로 인해 유럽으로 가는 설탕이 폭증하게 된다.

설탕이 부른 전쟁

고가의 설탕 교역을 둘러싼 경쟁은 당시 영국, 네덜란드, 프랑스 등 유럽 강국들 간의 긴장을 일으켰다. 경제사에 많은 영향력을 행사한 항해 조례가 발표되고 영국과 네덜란드는 22년 동안 세 차례의 전쟁을 치르게 된다.

그 무렵 신대륙 서인도제도의 설탕 무역은 유럽 부(富)의 근원이었다. 당시 사탕수수 농장이 있는 서인도제도의 바베이도스 섬은 영국령이었지만 네덜란드의 서인도회사가 교역을 주도하고 있었다. 사탕수수 농장으로 부를 얻은 바베이도스 섬 유대인들은 영국 왕에게 충성을 맹세했다.

그러나 내전에서 영국 왕이 패하고 의회파인 크롬웰이 승리해 네덜란드 상선 13척이 영국 함대에 나포되자 네덜란드의 설탕 무역은 치명타를 입게 된다. 1652년 1차 영국-네덜란드 전쟁이 선포되었고, 승리한 영국은 1655년부터 설탕 무역의 종주권을 네덜란드로부터 빼앗았다.

이는 바베이도스 사탕수수 농장주들에게 커다란 위기였다. 사탕수수 즙을 사 주던 네덜란드 상선이 오지 않자 유대인들은 스스로 살아갈 방도를 마련해야만 했다. 바베이도스의 유대인들은 직접 배를 구입해 무역에 뛰어들었고, 위기를 기회로 사업영역을 확장할 수 있었다.

서인도제도와 마찬가지로 50여 개의 사탕수수 농장이 있던 남아메리카의 가이아나도 영국, 프랑스, 네덜란드의 격전장이 되었다. 1667년 제2차 영국-네덜란드 전쟁이 종식되며 영국은 뉴암스테르담을 얻는 대가로 네덜란드에게 남아메리카 북쪽의 수리남을 양도했다. 그 이후부터는 네덜란드와 프랑스의 각축전이 벌어졌다.

하얀 황금이 영국으로

17세기 유럽에서 가장 중요한 산업은 '하얀 황금'이라 불린 설탕 산업이었다. 정제시설에 많은 자본이 투입되지만 높은 수익을 올려주는 유럽 최초의 자본주의적 산업이기도 했다. 당시 네덜란드에서 영국으로 이주한 유대인들이 설탕 산업을 장악하자 주도권이 자연스럽게 영국으로 넘어오게 된다. 반대로 네덜란드 제당산업은 내리막길로 접어들어 1668년 36개였던 암스테르담의 제당공장은 1680년에는 20개로 감소했다. 이후 1720년경부터는 제당산업뿐만 아니라 네덜란드 산업계 전체가 심각한 붕괴를 겪었다. 유대인들이 빠져나가자 탄탄해 보이던 네덜란드 시대도 저물어간 것이다.

이렇듯 설탕은 세계 자본주의 성장과 깊이 관련된 작물이었고, 유럽인의 식생활에도 큰 변화를 가져와 커피나 홍차 같은 음료 문화의 발전에도 기여했다. 영국에서는 1650년 이후 설탕이 일반화되기 시작해 18세기로 접어들어 설탕 소비가 급증하게 되었다. 16세기 초에 영국의 1인당 설탕 소비량은 불과 500g이었지만, 17세기에는 약 2kg, 18세기에는 약 7kg으로 증가한 것을 보면 급속한 변화를 가늠해볼 수 있다. 귀중품이었던 설탕이 사치품이 되고, 결국 생활필수품이 된 것이다.

노예무역을 부른 악마의 창조물

열대지방에는 계절의 변화가 없어 1년 내내 사탕수수 재배가 가능했다. 사탕수수는 다년생 풀이라 잘라낸 줄기 옆으로 새로운 줄기가 솟아 다시 자라는 식이기 때문이다. 하지만 지력을 심하게 소모하는 작물인 만큼 경작지를 계속 바꿔줘야 하고, 게다가 수확한 후에는 단맛이 급격히 떨어지기 때문에 재빨리 즙을 짜 줄이는 정제 작업을 거쳐야 했다. 게다가 사탕수수를 큰 솥에서 오랫동안 끓이는 데 엄청나게 많은 연료가 필요했다.

그래서 사탕수수 재배 전 과정에는 언제나 대규모의 노동력이 따라야 했다. 이러한 설탕의 대중화의 희생자는 단연 흑인 노예들이었다. 사탕수수 농사에 신대륙 노예무역을 통해 흑인 노예들이 대거 투입된 것이다. 노동이 얼마나 고되었으면 노예들의 피가 배어 있지 않은 설탕이 없다고 할 정도였다. 오죽하면 달콤한 설탕을 '악마의 창조물'이라고 불렀겠는가.

아메리카의 사탕수수 재배 역사에서 17세기 중엽은 결정적인 전환점이었다. 특히 영국의 2차 항해 조례로 설탕 등 중요 상품은 영국령끼리만 무역하도록 한 것이 결정타였다. 이 시점 이후 설탕 유통의 판도가 바뀌었고 수요가 급증하면서 아프리카 노예수입이 크게 확대되었다.

그렇게 노예들을 기반으로 한 대규모 플랜테이션이 완전히 자리를 잡았다. 18세기에는 자메이카가 서인도제도의 제당산지로 부상했다. 1774년 자메이카 국세

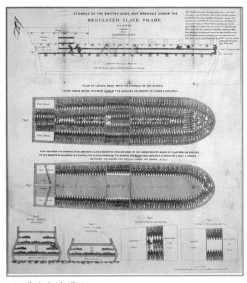

| 노예 수송선 내부

조사에 의하면 680개 경작지 농장에서 10만 5,000명의 흑인 노예와 6만 5,000마리의 말로 사탕수수를 재배했고, 농장 밖 농지에서도 흑인 노예가 4만 명이나 일했다. 사탕수수 플랜테이션 시스템에서는 오로지 규모가 그 중심이 되다 보니 노예무역이 덩달아 성행할 수밖에 없다.

설탕 외에도 면화, 담배, 커피 등 플랜테이션 농장 재배 품목이 늘어나자 흑인 노예의 수요도 증가했다. 초기에 노예상인들은 2~5파운드에 사들인 노예들을 25~30파운드에 팔아 폭리를 취했다. 노예 값이 말 가격의 30분의 1에 불과한 것이었다. 그 뒤 수요가 늘어나면서 노예 값은 점차 올라갔다.

영국의 리버풀은 유명 밴드 비틀즈의 도시로 유명하지만 사실 노예무

역으로 번성한 곳이다. 리버풀에서 직물이나 총기, 술, 유리구슬 등을 싣고 아프리카에 가서 흑인 노예와 바꾸고, 노예들을 다시 신대륙에 팔아 사탕수수, 담배, 면화, 커피 등을 싣고 유럽으로 돌아오는 식이었다.

하와이에 간 한국인들

노예무역이 시작된 1451년부터 노예제도가 폐지된 1865년까지 414년 간 940만 명의 아프리카인들이 각지로 끌려와 노예로 비참한 생활을 했다. 서인도제도의 사탕수수 농장의 노예들이나 유럽 제당공장의 노동자들은 무덥고 비위생적인 환경에서 새벽 3시부터 하루 17시간씩 살인적인 강도의 노동에 시달리며 혹사당했다.

사탕수수가 하와이에 전해진 것은 1861년 시작된 남북전쟁으로 어수선한 때였다. 사탕수수 재배에는 많은 인력이 필요했지만 그 당시는 노예제도를 폐기하기 위해 남북전쟁이 벌어지고 있던 때였다. 게다가 하와이의 원주민들은 힘든 사탕수수 일을 꺼렸다.

그러던 중 1850년대에 중국에서 대규모 노동자가 하와이로 이주했다. 이윽고 이들이 임금인상과 노동환경 개선을 요구하자 하와이 주정부는 1860년대에는 일본인 남성을, 이후에는 필리핀과 한국에서 노동자를 데려왔다. 노예를 부릴 수 없는 하와이에는 이렇게 다민족 다문화 사회가 탄생했다. 신대륙 사탕수수 재배부터 유럽국들의 쟁탈전을 넘어 노예무역까지. 설탕은 알고 보면 인류사를 담고 있다.

유대인의 독점상품,
커피

이슬람의 잠 깨는 약

우리들은 하루에 커피를 몇 잔이나 마실까? 대부분이 매일 하루를 시작하며, 또 식사 후 한잔 이상은 마실 것이다. 한국인 1명이 1년에 마시는 커피는 약 500잔으로 추산되는데, 이쯤 되면 현대인의 필수 음료라 할 만하다.

경제사에서 소금, 후추, 설탕이 끼친 영향은 역사를 바꿀 정도로 대단했다. 이들 상품 대부분이 유대인에 의해 유통되었다는 공통점이 있는데 커피 또한 예외가 아니다. 근세 초기 커피는 유대인에 의해 최초로 대량 재배되어 유통되었다. 지금도 커피 유통의 중심에는 그들이 있다.

사실 커피가 처음 유럽에 선보였을 때는 가격이 너무 비싸 일반인들이 마시기 힘든 음료였다. 프랑스의 루이 14세가 한해 딸의 커피 값에 요즘 돈으로 1만 5,000달러를 치렀을 정도였다. 이런 커피가 경제사에 어떻게 등장하게 되었을까?

커피의 기원에는 여러 설이 있는데 그중 525년 에티오피아가 예멘 지방을 침략한 시기에 맞춰 건너갔다는 설이 유력하다. 커피라는 이름 자체가 에티오피아 커피 산지인 카파Kaffa라는 지역 이름에서 유래되었다는 것이다. 이슬람의 창시자인 마호메트가 졸음의 고통을 이기려 애쓸 때 가브리엘 대천사가 나타나 전해줬다는 이야기도 있다. 가브리엘 대천사가 주었다는 비약이 바로 카베(카와)다.

그래서일까? 9세기에 이슬람 율법학자들이 커피를 먹었다는 기록이 최초로 등장한다. 당시 커피는 지금처럼 음료 형태가 아니라 밤 기도 시간에 졸음을 쫓기 위한 약으로 복용되었다. 그들은 잠을 쫓기 위해 커피 열매를 씹어 먹었다.

커피가 귀한 약이 되자 이슬람권에서는 씨앗이 유출되는 걸 엄격히 통제했다. 유럽으로 선적할 때도 발아 가능성이 있는 커피콩 대신 볶은 씨앗만 반출했는데 이는 커피 가공법이 발달하는 계기가 된다. 이를 통해 커피 열매를 씹어 먹지 않고 씨앗을 볶아 갈아 마시는 방법이 고안되었던 것이다.

커피와 와인은 인류의 역사를 이끈 쌍두마차다. 기독교 문화가 뿌리를 내린 곳 어디서나 포도 농장을 볼 수 있었던 반면, 이슬람 문화가 지배적이었던 곳에는 커피향이 가득했다.

기독교에서 와인은 하느님이 인간에게 내린 선물로, 나아가 예수의 피로 상징된다. 반면 이슬람에서는 인간을 인사불성으로 만드는 와인을 혐

오했고, 이성과 절제를 추구하며 정신을 맑게 해주는 커피를 찬양했다. 이슬람 사원에서만 한정적으로 음용하던 커피가 11세기에는 일반 대중에게까지 널리 퍼졌다.

모카 항구에서 시작된 독점

커피가 15세기 중반 콘스탄티노플에 소개되면서 세계 최초의 커피하우스도 문을 열었다. 그 무렵 서구의 커피 수입을 주도한 이들은 예멘의 유대인 공동체와 교류했던 베네치아 유대인들이었다. 당시 유대인만이 유일하게 이슬람 사회와 기독교 사회를 왕래하며 무역할 수 있었기 때문이다. 이렇게 베네치아 유대 상인들이 베네치아에 몰래 반입한 커피의 매력에 얼마 지나지 않아 이탈리아 사람들이 모두 빠져들고 말았다.

당시 천주교 사제들은 커피가 악마의 음료라며 교황 클레멘스 8세에게 음용 금지를 탄원하기도 했다. 하지만 커피를 직접 맛본 교황마저 그 맛에 반해버리면서 커피는 단숨에 유럽을 정복하게 된다.

이처럼 유럽 여러 나라에서 커피의 수요가 급증하자 예멘의 유대 상인들은 커피 공급을 관리하기 위해 수출용 커피를 한 항구에서만 선적하도록 했다. 그곳이 바로 아라비아 반도 남단의 모카 항구다. 모카커피라는 말도 여기서 유래한 것으로 그곳을 통해 유대인들은 커피의 반출을 엄격하게 통제했다. 심지어 에티오피아 커피까지 모카로 가져와 수출할 정도였다.

모카에는 3만 명 가량의 유대인들이 공동체를 이루며 17세기 말까지 300년 동안이나 커피 무역을 독점했다.

근대에 커피를 유럽에 대량으로 수입하여 전파한 사람들 역시 네덜란드 동인도회사의 유대인들이었다. 이 이야기는 인도판 문익점 이야기라고 할 만하다. 인도의 이슬람 승려 바바 부단Baba Budan이 1600년 메카로 성지순례를 다녀오는 길에 이집트 커피농장에서 종자 몇 개를 몰래 숨겨 인도로 돌아온 것이다. 그 씨앗들은 발아에 성공해 인도에서 커피 재배가 시작되었다.

이를 알게 된 동인도회사의 유대인들이 가만히 있을 리 없다. 그들은 인도로 스파이를 보내 커피원두와 묘목을 빼 와 네덜란드에서 커피 재배를 성공시킨다. 동인도회사는 거기서 그친 것이 아니라 이 커피 묘목을 스리랑카 실론으로 가져가 대규모 농장 재배를 시도하기도 했지만 해충 피해가 워낙 커 실패하고 말았다.

여기서 포기할 수 있으랴, 동인도회사의 유대인들은 1696년 이 커피 종자를 인도네시아 자바지역으로 가져가기에 이른다. 유대인 특유의 집념으로 커피농장을 일구는 데 성공한 덕에 커피의 최초 대량재배는 아시아에서 시작되었고 이로써 유대인들은 커피 재배와 커피 교역을 주도하게 된다.

그 뒤 70년 동안 네덜란드의 동인도회사는 인도네시아의 플랜테이션에서 커피를 대규모로 재배했다. 1740년에는 자바에서 필리핀 지역으로까지 커피가 전파되어 재배된 후 커피는 네덜란드의 가장 인기 있는 음료가 되었다.

1800년대 들어 동인도회사는 인도네시아 농민들에게도 커피, 설탕, 염료인 인디고를 강제로 경작하게 한 뒤 거둬들여 유럽시장에 팔았다. 그 수익은 1850년대 네덜란드 재정 수입의 30% 이상을 차지할 정도로 커졌는데, 이 수입으로 네덜란드 정부는 부채를 갚고 운하와 도로를 건설했다.

커피의 색만큼이나 어두운 일면도 있다. 커피나무는 옥토의 지력을 빨아먹고 크는 작물이기 때문이다. 따라서 커피농장 땅은 7~8년이 지나면 황폐해지고 만다. 그만큼 원주민들은 식량 재배를 뒤로 한 채 돈이 되는 커피 재배에만 힘을 쏟다 결국 기아에 허덕이게 된다.

브라질에 간 커피

네덜란드는 아메리카 식민지에도 커피를 전파했다. 1715년 암스테르담 식물원의 커피 묘목을 가이아나에 옮긴 것을 처음으로, 이후 커피는 수리남과 카리브 해의 식민지로 옮겨져 재배되었다. 이 커피는 이후 브라질에 전해졌고 최상의 재배조건 덕분에 주변 남미 국가로 전파되어 갔다.

브라질에 커피가 전해진 사연은 상당히 로맨틱하다. 프랑스령 가이아나의 총독 부인이 화려한 꽃다발 속에 커피 묘목을 숨겨 잘생긴 스페인 연대장에게 선물했다고 한다. 그 묘목은 콜롬비아에서 뿌리를 내리게 되고 브라질로 퍼져나갔다. 콜롬비아와 브라질로 보내진 커피는 두 나라를 세계 최대의 커피 생산국으로 만들었다.

주목할 것은 커피 산출국인 커피 벨트Coffee Belt는 주로 적도 중심인 반면, 소비국은 대부분 북반구에 위치하고 있다는 점이다. 이러한 점이 네덜란드의 교역에 날개를 달아주었다. 세계의 바다를 오가며 네덜란드는 멀리 떨어진 생산지와 소비지 사이를 이어 독과점 체제를 구축해나갔다.

카페에서 가장 인기 있는 음료는 단연 아메리카노다. 이 아메리카노의 탄생은 1773년 발생한 보스턴 차 사건과 관련이 깊다. 당시 식민지 미국인들은 차를 즐겨 마셨는데 영국이 여기에 상당한 세금을 부과하기 시작하자 반발한 미국인들은 불매운동을 벌여, 수입 차 대신 커피를 선택하게 된다.

이들은 홍차를 마시던 버릇 때문에 커피를 홍차와 비슷하게 만들고자 했다. 진한 에스프레소에 물을 타 묽게 만들면 색깔도 맛도 홍차와 비슷해진다. 그래서 미국에선 차 대신 연한 커피, 즉 아메리카노가 유행하게 되었다.

인스턴트커피의 등장

커피의 대중화는 쉽지 않았다. 제조 과정이 복잡하기도 하고, 섬세한 관리가 필요한 작업이기 때문이다. 하지만 물만 부으면 간편히 만들어 마실 수 있는 인스턴트커피가 등장하며 세계인의 커피 수요도 증가했다. 사실 인스턴트커피가 상품으로 대중화된 것도 그리 오래 전 일은 아니다.

1920년대 말 브라질에서는 커피콩 작황이 매우 좋았다. 그러나 수요보다 지나치게 많이 생산된 까닭에 커피콩 시세가 폭락했고, 브라질은 경제 위기에 직면하게 되었다. 이에 브라질 정부는 식품회사 네슬레에 남은 커피콩으로 가공식품을 만들어달라고 요청하게 된다. 이렇게 탄생한 것이 바로 1938년 네스카페Nescafe라는 인스턴트커피다. 지금도 전 세계에서 네스카페 간판을 목격할 수 있는 이유이기도 하다.

전쟁 또한 인스턴트커피의 대중화에 큰 기여를 했다. 충분한 수면을 취하지 못하고 전장에서 싸워야 하는 군인들에게 인스턴트커피는 큰 힘이 되었다. 우리나라에 인스턴트커피가 도입된 것도 한국전쟁 때 미군 전투식량을 통해서라고 한다. 지금 우리가 즐겨 마시는 봉지 커피의 기원인 셈이다.

이처럼 우리 생활에서 빼놓을 수 없는 커피는 유대인들의 독점상품으로 시작해 인류의 식음료 문화를 바꿔놓고 많은 사람들의 잠을 쫓아내는 기호식품이 되었다. 유대인들의 대량 재배와 교역 능력, 그리고 그 뒤에 숨은 흑인 노예들의 괴로움이 없었다면 지금 우리가 이렇게 편하게 커피를 즐길 수 있을까?

미국과 중국을 뒤흔든
차

유목민족들의 음료

차_茶의 기원은 어디일까? 막연히 중국이 아닐까 생각하는 독자가 많을 것이다. 원래 중국 쓰촨성의 티베트 경계의 산악지대에서만 자라는 나무로 그 일대에서 유목생활을 했던 유목민족들이 애용한 음료였다. 기원전 21년 진시황이 중국을 통일한 후 차는 사천에서 중국 전 지역으로 확산되어 나갔다.

중국 강남지방에서 유행하던 차 풍속은 수나라의 대운하 건설로 북방지역까지 확대되었다. 그 무렵 상류층 사람들은 병차_{餅茶}(단차)를 마셨는데 병차는 찻잎을 찌고, 절구에다 찧은 후에 일정한 틀에 넣고 말려 만든 고체 형태의 차다. 그 뒤 필요할 때마다 차 덩어리를 부순 다음 덖어서_{roast} 마셨다. '덖다'라는 말은 보통 차에 사용되는데 물기가 조금 있는 약재, 곡식 등을 타지 않을 정도로 볶아서 익힌다는 뜻이다.

당시 차는 불교 사원에서 많이 마셨는데, 차는 처음에는 약용 또는 제사용으로 이용되었다. 당나라 이전에는 차를 도荼나 명茗이라 불렀다. 당나라 이후 차가 대량 재배되면서 도荼자에서 '一'획을 없애고 차茶라 부르게 되었다. 당나라 시대에 선禪 사상이 유행하자 사람들은 참선할 때 정신을 맑게 해주는 약으로 차를 마셨다. 이렇게 차를 약으로 마실 때는 가루로 빻아 물을 넣어 마셨다고 한다.

중국 차 문화는 779년 당나라의 육우陸羽가 《차경茶經》을 집필한 덕분에 대중에게 알려졌다. 차가 국가 전매산업으로 발전한 송나라 시대에 들어와서는 찻잎을 가루로 만들어 뜨거운 물에 타서 마시는 말차 문화가 생겨났다. 흥미롭게도 본고장 중국에서는 송나라가 멸망하면서 말차의 맥이 끊겼는데 일본에서는 그 명맥이 유지되고 있다.

차에 물을 부어 우려 마시는 방법을 포다법泡茶法이라 한다. 현대에서 대표적인 차 마시는 방법인 포다법은 명나라 초 태조 주원장에 의해 법제화돼 오늘까지 이어져오고 있다. 어려서부터 스님의 차 심부름을 도맡아 하며 복잡한 차 문화의 폐단을 체험했던 주원장은 국가체제를 안정시키자마자 1391년 9월 칙령으로 차 문화 개혁을 단행했다.

그는 백성들의 짐을 덜어주기 위해 제조과정이 복잡한 병차 제조를 폐지하고 채취한 차를 솥에서 간단히 덖어 만든 엽차葉茶를 요즘 흔히 보는 산차散茶 형태로 만들어 물로 우려내어 마시게 했다. 또한 중국이 독점하도록 차나무 묘목 반출을 엄히 금하기도 한다.

홍차, 우롱차, 녹차

차는 보통 홍차, 우롱차, 녹차 세 종류가 있다. 찻잎을 딴 뒤 온도, 습도, 시간을 잘 맞추면 잎의 효소가 산화작용으로 발효되어 잎이 검게 변한 것이 홍차다. 반쯤 발효시킨 것은 우롱차이며, 따자마자 햇볕에 말려 효소를 없애 장기간 녹색을 유지한 것을 녹차라 부른다.

홍차의 기원에 대하여는 몇 가지 설들이 있다. 배로 차를 운반하다 보니 더운 지역을 지날 때 그 찻잎이 산화되어 홍차로 변했다는 설이 하나다. 전쟁 통에 따놓은 찻잎을 차로 만들 시기를 놓쳐 어쩔 수 없이 말려 차를 만들었는데 의외로 서양 상인들에게 비싸게 팔리게 되어 홍차가 탄생했다는 설도 있다. 이미 그 이전에 홍차와 비슷한 제다법이 있었다는 이야기도 있다.

차茶의 명칭은 크게 2가지로 나뉜다. 중국을 비롯해 한국, 일본, 러시아, 이란, 티베트와 같은 국가에서는 차cha로 부른다. 반대로 당시 중국의 차 수출항구인 테이Tei에서 티Tea라는 명칭이 유래했다. 즉, 차를 육로로 수입한 나라들은 광동성 발음인 '차'로 불렀고, 해로를 통해 차를 수입한 유럽 국가들은 테이의 복건성 방언 발음인 '티'로 부른 것이다. 현재 세계 어디를 가나 차를 나타내는 말은 광동어 계통의 'Cha'와 복건어 계통의 'Tea' 뿐이다.

차, 유럽에 가다

　중국차를 유럽에 최초로 전파한 사람은 1560년 포르투갈의 예수회 수도사였다. 그 뒤 1610년 네덜란드 동인도회사가 본격적으로 차를 유럽에 수입했는데, 처음에는 일본 녹차를 유럽에 수출했지만, 오래지 않아 중국 차로 바뀌게 되었다. 그들은 차를 신비의 음료라 하여 귀족들에게 비싼 값에 팔았는데, 인기를 끌자 판매처를 늘리기 시작했다.

　1658년 영국에 차가 수입되었을 때 한 런던 상인이 신문에 낸 광고를 보자. "모든 의사가 추천하는 중국의 신비한 음료를 커피하우스에서 팝니다." 그는 차를 두통, 소화불량, 감기, 간염, 수종, 학질, 괴혈병 치료에 효과가 있다고 광고했다. 당시 차 500g은 2.5파운드였다. 그 무렵 하인의 연봉이 2~6파운드였다고 하니 당시에 얼마나 비싼 음료였는지 알 수 있다.

　18세기 이후 발효차인 보이차가 인기를 끌었는데 이 당시 차 가격은 커피의 10배 수준이었다. 영국인들이 차를 즐기게 되어 수입량이 부쩍 늘자 무역업자들이 이익이 많이 남는 차를 먼저, 빨리 수입하기 위해 경쟁하는 통에 이 시기에 가장 빠른 범선이 제작되었을 정도다.

　산업혁명 당시 공장에서

| 영국의 어린이 동화에도 티타임이 등장할 만큼 홍차는 대중적인 문화로 자리잡았다

일하는 영국인들은 물 대신 맥주를 즐겨 마셨다. 당시에는 물을 통해 이질균 등 수인성 질병과 전염병이 자주 옮겨졌기 때문이다. 노동자들은 공장에서는 물을 거의 마시지 못했고 집에서 끓여 마셔야 한다고 생각했다.

하지만 기계를 만지며 일하는 노동자가 술에 취해 흐느적거리며 일할 수는 없는 노릇이었다. 그때 나타난 것이 홍차로 차에는 항균 성분이 포함되어 있어 팔팔 끓이지 않아도 어느 정도 질병을 예방하는 기능이 있었다. 더구나 카페인이 든 홍차는 졸음을 예방해주어 산재사고도 줄어들었다. 이처럼 홍차가 근로 효율을 향상시켜 준다는 사실이 알려지면서 공장 노동자들에게 크게 사랑받는 음료가 되었다.

차가 불러온 두 번의 전쟁

유럽에 차 문화가 뿌리를 내리면서 차는 주요한 교역상품이 되었다. 그 무렵 중국과 유럽 간 교역량은 그리 많지 않았는데, 1793년 무역 확대를 위해 처음으로 중국을 찾은 영국 사절단에게 청나라의 건륭제는 다음과 같이 말했다.

> "중국은 땅이 넓고 산물이 풍부하여 없는 것이 없다. 단지 중국의 차, 자기, 비단 등은 서양 여러 나라의 필수품이므로 광동에서 무역을 허가하고 필수품을 주어 천조天朝의 은덕을 베풀 뿐이다."

이렇듯 차는 중국이 오랑캐에게 베푸는 은덕이었다.

영국은 두 번의 차 전쟁을 일으켰다. 최초의 전쟁은 보스턴 차 사건으로 영국의 지나친 세금 징수에 반발한 아메리카 식민지 주민들이 인디언으로 위장해 1773년 12월 16일 보스턴 항구에 정박한 영국 배의 342개 홍차 상자들을 바다에 던져 버린 사건이다.

영국은 이에 대한 보복으로 1774년 해군함대를 동원해 보스턴 항을 폐쇄해버린다. 그뿐만 아니라 손실액을 매사추세츠 자치령에서 변상할 때까지 자치정부를 해산시키고 보스턴 항에서의 모든 활동도 금지시켰다. 이는 미국인들을 격분케 만들어 1775년 미국 독립전쟁의 계기가 되었다.

차가 일으킨 두 번째 전쟁은 1839년 아편전쟁이다. 영국은 중국에서 값비싼 차를 비롯해 비단, 도자기 등을 수입했는데 수출품이라고는 모직물 정도이다 보니 무역적자가 날로 커져갔다. 그 금액은 날로 늘어나 아편전쟁 직전에는 4,067만 파운드에 이르렀고 대량의 은이 중국으로 인출되어 영국은 은 부족현상이 심화되어 갔다.

무역 적자에 고심하던 영국은 18세기 말부터 차 대금으로 인도에서 기른 아편을 중국에 지불하고자 했다. 일이 이렇게 되자 청나라 정부는 아편을 몰수하여 밀수를 근절하기에 이른다. 이로 인해 1839년부터 1842년 동

| 보스톤 차 사건

안 청나라와 영국 사이에 아편전쟁이 벌어졌다. 아편전쟁에 패배한 중국은 난징조약으로 영국에 거액의 배상금을 지불했을 뿐만 아니라 홍콩을 할양하고 광동, 하문, 북주, 영파, 상해 5개 항구를 개방하게 되었다. 미국의 독립전쟁과 중국의 아편전쟁, 이 굵직한 두 전쟁의 계기가 모두 차였다는 사실이 놀랍기만 하다.

유대인, 차 재배에 성공

중국은 이러한 차 수출산업을 빼앗기지 않기 위해 차나무 종자의 유출을 막고 재배기술과 차를 발효시키는 방법까지 모두 비밀에 부쳤다. 때문에 유럽인들은 처음에는 차나무가 중국에서만 자라는 줄 알았다고 한다.

네덜란드계 유대인 야곱센은 마카오를 통해 차 묘목을 몰래 빼내와 기르기 시작했지만 실패했다. 그는 멈추지 않고 33년간 5차례에 걸쳐 묘목을 반출해 재배를 시도하다가 마침내 1828년 인도네시아 자바 섬에서 차 경작에 성공했다.

1670년 병충해로 몰살당한 스리랑카의 커피농장은 1869년 또 다시 병충해로 위기를 맞이한다. 이때 그곳 농장주의 한 사람이었던 제임스 테일러에 의해 커피를 대신할 작물로 등장한 것이 차나무였다. 그 후로 스리랑카에서는 저렴하고 품질 좋은 차가 대량 생산되었다. 이로 인해 당시 중국의 녹차 독점이 사라지고 차의 대중화 시대가 열렸다. 지금도 실론 홍차는 특유의 향으로 전 세계적으로 사랑받고 있다.

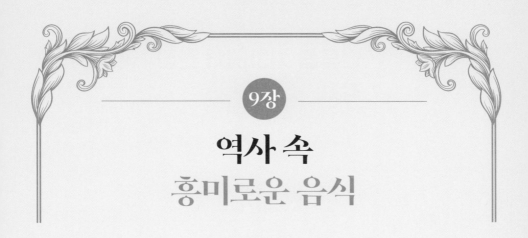

9장

역사 속
흥미로운 음식

송로버섯은 희귀한 향과 적은 생산량으로 세계 3대 진미로 불린다. 찾아내는 방법도 그에 못지않게 특별하다.

인류를 기아에서 건진
감자

신대륙에서 온 하찮은 식량

전 세계 어디를 가나 빠지지 않는 식재료가 있다. 바로 감자가 그 주인공이다. 감자 요리는 세계 어디서나 푸짐하고 값싼 서민 음식이다. 이 감자가 처음에는 악마의 열매였다가 인류를 기아에서 구해낸 주인공이 되었고, 그 이후에는 오늘날의 미국을 건설하는 데 결정적인 역할을 했다고 하니, 어찌된 이야기인지 한번 알아보자.

감자가 스페인으로 전해진 것은 신대륙이 발견된 지 한참이나 지난 1570년경이다. 스페인 정복자들은 신대륙인 아메리카에서 유럽으로 돌아갈 때 먹을 식량으로 감자를 배에 싣기 시작했다. 오랜 항해에도 상하지 않고 잘 견디는 작물이 감자였다.

하지만 스페인에 들여온 감자가 유럽 전역으로 전해지기까지는 꽤 오랜 기간이 걸렸다. 유럽인들은 미개한 남미 원주민들이 주식으로 먹던 감자를 쉽게 받아들일 수가 없었다. 아마도 감자는 천한 사람들이나 먹는 음식이라는 편견이 큰 영향을 미쳤을 것이다.

감자 같은 덩이뿌리 식물은 유럽인들에게 생소했고 처음에는 감자 싹과 초록색으로 변한 부분의 독성을 모른 채 먹어 치명타를 입기도 했다. 특히 감자의 그 울퉁불퉁한 모습과 작은 점들은 그 당시 유행했던 전염병인 천연두를 연상시켰고 흙이 잔뜩 묻은 모습은 본능적으로 혐오감을 일으켰다.

더구나 서양인들은 성경에 언급되어 있지 않은 식물은 악마의 식물이라 생각하는 경향이 강했다. 특히 암수의 교배로 만들어지는 씨앗으로 번식하는 다른 식물들과는 달리 뿌리의 덩이줄기로 번식하는 감자는 기피 대상이 될 수밖에 없어 초기엔 주로 가축사료로 사용했다.

감자를 터부시한 경향은 하층민 사이에서 더 심했는데 거기에 감자가 나병을 일으키는 원인이라는 소문까지 영국에서 돌기 시작해 감자는 서민들과 더욱 멀어져갔다.

그러나 거듭되는 흉년으로 굶주리던 17세기 초반, 아일랜드인에게 감자는 구세주로 등장하게 된다. 이후 독일은 30년 전쟁이 한창인 17세기에, 프랑스와 영국은 7년 전쟁 중인 18세기 중반에 감자가 주요 식량으로 자리 잡기 시작했다.

감자 보급에 얽힌 일화도 있다. 18세기 말 프로이센의 프리드리히 왕은 감자를 경작해 식량난을 해소하려 했다. 고집 센 농부들이 계속 감자를 거부하자 왕은 "앞으로 이 나라에서 감자는 귀족들만 먹을 수 있다"

■ 프리드리히 왕의 감자 보급

고 포고령을 내리고 마을 어귀의 감자밭에 근위병을 세워 철통 수비하
도록 했다. 감자밭을 둘러싼 근위병들의 존재는 농부들의 호기심을 자극
했다.

'도대체 얼마나 중요한 것이기에 저렇게까지 보초를 설까?' 궁금증이
극에 달한 농부들은 수비가 허술한 저녁을 틈타 감자 서리를 하기 시작
했다. 그 뒤 감자의 고소한 맛에 익숙해진 농부들은 점차 감자를 많이 심
기 시작했고, 정부도 열심히 감자를 보급했다. 그렇게 감자는 18~19세기
배고픈 사람들의 양식으로 자리 잡으며 산업혁명에 필요한 값싼 노동력
을 제공한 일등공신이 되었다.

전쟁과 감자밭

유럽에서 감자의 진정한 가치를 알리고 전 세계에 전파되도록 한 동력은 바로 전쟁이었다. 유럽 역사는 곧 전쟁의 역사라 할 만큼 전쟁이 끊이지 않았다. 거듭되는 전쟁은 유럽 지역의 식량 부족을 더욱 부채질하게 되는데 이 문제를 해결해준 것이 바로 감자였다.

전쟁 중에는 적군에게 식량이 조달되지 못하도록 밀밭과 보리밭 등 모든 경작지를 불태우는 청야전술을 썼다. 이로 인해 전쟁이 끝나면 국민들이 굶어 죽는 경우가 많았는데 불태워진 들판에서도 땅속 감자는 피해를 입지 않아 귀중한 식량이 되었다. 이러한 전쟁을 겪은 후 유럽인들은 감자를 주식으로 받아들였다.

이후에는 전쟁에서 감자는 청야전술의 대상이 되었다. 특히 1778년 오스트리아와 프로이센의 전쟁은 30년 감자전쟁으로도 유명하다. 두 나라는 전쟁에서 적국의 주식인 감자를 차단하여 병사들을 굶주리게 하는 것을 주요 전략으로 삼았다. 세계대전에서도 미국은 독일병사들의 식량 자원인 감자밭을 습격해 초토화시키는 작전으로 전쟁을 빨리 종식시켰다고 한다.

감자는 전쟁에서만 유용한 것이 아니었다. 겨울철에는 사료를 구하기 힘들어 기르는 가축 수가 제한될 수밖에 없었다. 그런데 감자가 보급된 뒤에는 사료로 사용할 수 있어 겨울철에도 돼지를 기르게 되었고, 소는 사람들이 감자를 주식으로 먹게 되면서부터 사람들이 먹던 밀과 보리, 귀리, 콩 등을 사료로 줄 수 있게 되었다. 이후 사람들은 겨울에도 돼지

┃ 혐오식품이던 감자는 기근에 시달리는 사람들을 살리는 서민의 음식이 되었다

와 소 등 육식을 즐길 수 있게 되었다.

전 세계 사람들을 살리다

앞서 언급한 것처럼 감자를 가장 먼저 재배한 곳은 아일랜드였다. 감자 재배에 최적의 기후와 토양을 갖췄을 뿐만 아니라 빈곤했던 아일랜드 사람들에게는 기르기 쉽고 생산량도 많은 감자가 신의 축복이었다. 특히 간편한 조리법 덕분에 인기가 많았다.

그래서 1845~1850년 사이의 아일랜드의 감자역병은 전례 없는 재앙을 불러왔다. 이 대기근 때문에 약 100만 명 이상의 사람들이 고통스럽게 굶어 죽었다. 감자에만 의지해오던 아일랜드 사람들에겐 감자가 썩는 병은 엄청난 타격이었다. 이때 기근을 피해 북아메리카로 이주한 사람만도 150만 명이 넘었으며 이후에도 이민 행렬은 계속되어 1900년 초까지 약 400만 명이 미국으로 새 삶을 찾아 떠났다.

그 무렵 노동력이 절실하던 미국은 이들 이민자들 덕분에 공업화와 근대화를 동시에 이룩하며 당시 최강인 영국을 앞지를 수 있었다. 이후 아일랜드계 이민자의 후손들 중에서는 케네디를 비롯해 레이건, 클린턴, 오바마 등 걸출한 대통령들이 배출되었다.

감자는 신대륙에서 유럽으로, 그리고 다시 신대륙인 미국으로 영향을 미친 것처럼 아시아에도 존재감을 떨치기 시작했다. 중국에 소개된 건 17세기 후반 네덜란드 선교사를 통해서였다. 중국은 영토가 방대하고 지방마다 기후조건이 달라 감자가 전국으로 퍼지는 데 상당한 기간이 걸렸다. 감자 재배가 중국에서 급격히 늘어나기 시작한 건 기근이 발생한 1959년 이후이다.

일본에는 중국보다 조금 이른 17세기 초에 네덜란드와 교역이 활발하던 나가사키 항을 통해 감자가 들어왔고 18세기 이후 본격적으로 재배되기 시작했다.

우리나라는 어떨까? 1824년 만주에서 처음 전해졌다는 북방 유입설과 1832년 영국 상선에 의해 들어왔다는 남방 유입설이 있다. 우리의 가난한 시절을 함께한 감자가 한국 땅에 발을 들인 지는 불과 200년밖에 안 되었다.

현대에는 식량 생산의 문제가 아닌 분배의 문제로 기아 현상이 발생한다. 즉, 한쪽에선 식량이 남아돌고 다른 한쪽에선 굶어죽는 사람들이 속출하고 있는 실정이다. 20세기 들어 세계 인구가 4배나 늘어나면서 후진국에서는 기아 현상이 다시 심화되고 있다. 인류의 관심과 지혜가 필요한 때이다.

유대인의 슬픈 역사,
애저

스페인의 대표 메뉴는?

한국인 중 삼겹살과 두루치기를 싫어하는 사람이 몇 명이나 될까? 외국에도 유명한 돼지고기 요리가 여럿 있는데 그중에서도 스페인에 가면 꼭 먹어보아야 하는 메뉴가 애저요리, 즉 새끼돼지 통구이이다.

애저요리는 우리나라의 경우 농가에서 태어나 얼마 살지 못하고 죽은 새끼돼지를 버리지 않고 요리한 것에서 시작되었다고 한다. 어린 새끼를 먹는 일이 슬프다哀 하여 애저라고 불렀다. 어린 새끼돼지라 한자로는 아저兒猪라고 쓰기도 하지만 일반적으로는 애저라고 부른다.

가장 대표적인 애저 요리로는 스페인의 코치니요 아사도Cochinillo Asado를 들 수 있다. 생후 2~3주된 새끼돼지의 배를 갈라 마늘을 넣고 소금과 후추를 뿌려 화덕에서 구워내는 방식이다. 중간 중간 화이트 와인을 발

코치니요 아사도

라가며 노릇노릇하게 구워내는 게 포인트다. 육질이 연하고 담백하며, 껍질은 바삭하니 맛은 가히 일품이다. 한 마리를 구우면 보통 8명이 먹을 수 있는데 스페인에서 어린 시절을 보낸 우리 아이들은 이 요리가 세상에서 가장 맛있다고 한다.

마드리드 근교 세고비야에서는 코치니요 아사도 식당이 꼭 들러서 먹어보아야 하는 관광코스 중 하나이다. 실제로 전문 레스토랑에 가면 이 통돼지 구이를 칼 대신 흰 접시로 잘라 서빙하는 걸 볼 수 있다. 접시로 잘릴 만큼 고기가 연하다는 뜻이다. 그렇게 자르고 난 접시는 던져서 깨버리는 것 역시 전통이다.

여기에는 재미난 일화가 있는데 19세기부터 유명세를 탄 애저요리 레스토랑 주인이 한 번은 칼이 없어 접시로 요리를 썰었다고 한다. 그러다 접시가 떨어져 깨졌는데 이를 본 손님들이 퍼포먼스인 줄 알고 박수치며 환호했다는 것이다. 그렇게 우연히 생겨난 접시 깨뜨리기 풍습은 지금까지도 이어오고 있다. 이는 접시를 깨면 액운이 사라진다는 전통에서 비롯된 것이라고 한다.

유대인과 눈물 젖은 돼지고기

이 애저요리에도 사실은 유대인의 슬픈 역사가 감춰져 있다. 이슬람을 이베리아 반도에서 완전히 몰아낸 스페인 왕국은 1492년 3월 31일 유대인 추방령을 발표했다. 가톨릭 국가로의 종교적 통일을 명분으로 내세웠지만 그보다는 전쟁 통에 바닥난 민심과 국고를 추스르기 위한 방안으로 유대인의 추방과 재산몰수만큼 적절한 게 없었던 것이다. 특히 당시 수도 톨레도는 경제, 문화 모두가 유대인이 주도하고 있었고 상업도시 바르셀로나는 유대인들이 상권을 장악하고 있었으니 이보다 더 좋은 방법은 없었다.

스페인은 당시 가톨릭 개종을 거부한 유대인 17만 명을 한꺼번에 추방했는데, 이를 피해 가톨릭으로 개종한 유대인들을 경멸하는 뜻을 담아 돼지라는 이름의 '마라노'라 불렀다. 마라노 대부분은 겉으로만 가톨릭 신자의 모습을 하면서 몰래 유대교 관습을 지켰다.

스페인 왕국이 이런 가짜 개종자들을 색출하기 위해 고안한 방법이 애저요리를 먹는 행사였다. 유대인에게 돼지고기는 유대교 율법이 금지한 부정한 음식이었는데 정부는 축제 기간 동안 모든 사람들이 애저요리를 먹도록 했다. 결국 이 돼지고기 시식행사는 유대인들이 가톨릭으로 개종한 것을 만천하에 알리는 풍습이 되었다. 애저요리는 유대인들에겐 자신의 정체성마저도 버리도록 만든 슬픈 음식인 것이다.

지역마다 다양한 애저요리

애저요리는 스페인 말고도 세계 곳곳에서 다른 모습으로 만나볼 수 있다. 이탈리아에도 비슷한 요리가 있는데 스페인처럼 작은 돼지가 아니라 생후 6개월 정도 자란 돼지를 사용한다. 포도나무와 올리브나무 가지를 태우는 불 위에 고기를 쇠꼬챙이에 끼워 천천히 돌려 굽는 방식이다. 축제에서 많이 선보이는 데 주로 소금을 뿌려 먹거나 빵에 끼워 샌드위치처럼 먹는다.

아시아에서도 애저 요리를 만날 수 있다. 필리핀에서 접할 수 있는 레촌 바보이Lechon Baboy는 화덕에 구운 통돼지 요리다. 필리핀은 스페인의 식민지였기 때문에 음식문화도 많은 영향을 받았다. 중국에도 비슷한 음식이 있는데 바로 광동식 애저요리인 카오루주燒乳猪다. 숯불에 고기가 붉은 색을 띨 때까지 구워내고 잘라낸 조각들을 얇은 밀가루 전병과 파, 새콤달콤한 야채절임과 함께 먹는다.

한국 애저요리도 빼놓을 수 없다. 돼지는 번식력이 강한 동물로 보통 3개월마다 8~15마리씩 새끼를 낳는데 어미 뱃속에서 죽기도 하고 젖을 먹다 깔려 죽기도 한다. 배고픈 농가에선 이런 고기를 버릴 수 없어 먹기 시작했다. 특히 전북 진안과 제주도에서 애저요리가 발달했다.

진안의 애저찜은 사산한 돼지를 전피, 인삼, 마늘, 생강, 청주를 넣고 푹 끓여내어 부드러운 백숙처럼 먹는 게 특징이다. 제주도에선 애저회를 맛볼 수 있는데 태어나지 못하고 죽은 돼지를 꺼내 통째로 갈아 참기름과 야채 등을 섞어 생으로 먹는다고 한다. 참 놀랍고도 슬픈 음식이다.

하몽과 이베리코

라틴어로 스페인을 의미하는 히스파니아Hispania는 '토끼의 땅'이라는 뜻이다. 그만큼 이베리아 반도에는 토끼의 주식인 도토리Bellota가 많다. 그런데 스페인에는 도토리를 먹고 자라는 흑돼지도 있다. 이 흑돼지를 이베리코 데 베요타Iberico de Bellota라 부르는데 요즘 한국에서 인기를 끄는 이베리코 돼지고기가 이 흑돼지를 통틀어 일컫는 말이다. 이베리코 흑돼지는 산악지대 떡갈나무가 많은 곳에서 방목해 키워 주로 도토리와 올리브를 먹고 자라 다른 지역 돼지와 비교해 근육이 발달해 있어 육질이 쫀득하고 맛있다.

냉장 보관이 불가능했던 고대 스페인 사람들은 무덥고 건조한 기후에서도 음식은 오래 보관하면서 먹을 수 있는 방법을 고민하다 고기를 소금에 절여 건조시키는 방안을 찾아냈다. 그렇게 돼지 뒷다리의 넓적한 부분을 통째로 2주 정도 소금에 절여 바람이 잘 통하는 그늘에서 건조·숙성시켜 만든 생햄이 하몽Jamon이다.

하몽은 돼지 종류와 기르는 방법, 숙성기간 등에 따라 등급이 달라지는데 보통은 흰 돼지로 만든 하몽 세라노Serrano가 일반적이며 이베리코 흑돼지로 만든 하몽 이베리코가 특상품으로 가격 차이가 제법 크다. 스페인에서 소비되는 하몽의 90% 이상은 하몽 세라노이다. 와인 안주로 제격이며 얇게 썬 하몽은 입안에서 살살 녹는다.

▌돼지의 넓적다리 부분으로 만든 생햄, 하몽

숙성기간도 하몽 세라노의 경우 9~15개월 정도 건조시키는 데 비해 하몽 이베리코는 2년 이상 건조시킨다. 최고급품인 순종 흑돼지로 만드는 하몽 이베리코 데 베요타는 도토리를 먹여 키우며 3년 이상 건조시킨다. 하몽 이베리코는 발굽을 보면 쉽게 구분할 수 있는데 발톱이 검은색이라 이를 파타 네그라 pata negra(검은 발)라 부르기도 한다.

스페인에서는 흑돼지 뒷다리로 하몽을 만들고 나머지 부분은 보통 '초리소'라 부르는 소시지를 만든다. 한국과 일본 육류 유통업체들이 몇 년 전부터 이 고기를 수입하기 시작해 지금은 국내에서도 질 좋은 이베리코 흑돼지를 먹을 수 있다.

향어가 된
이스라엘 잉어

없으면 있게 하자

이스라엘이 건국되기 30년 전부터 유대인들은 가나안으로 몰려들었다. 주로 러시아와 동유럽에서 이주해 온 이들은 식수 문제를 해결하기 위해 겨울 우기에 내린 빗물이 고여 있는 저지대에 모여 살았다. 그러다 웅덩이의 모기들이 옮긴 말라리아로 사람들이 죽자 유대인들은 1920년대에 모기를 피해 구릉지대 꼭대기로 촌락을 옮겼다.

그런데 문제는 물이었다. 유대인들은 산꼭대기에서 갈릴리 호수에 있는 물을 파이프로 끌어다 쓰기 시작했다. 하지만 식수뿐 아니라 농사를 지을 물도 필요했다. 이러한 환경 때문에 유대인들은 물을 최대한 아껴 농사지어야만 했다.

그들은 효율적인 방안을 찾다 물을 작물 위에 뿌리는 대신 파이프를 이용해 뿌리 근처에서 물방울을 떨어뜨리는 방식을 고안해냈다. 땅 속으로 고무호스를 연결해 물이 다른 곳으로 새어나가지 않고 정확히 뿌리에 흡수되는 기술이다.

땅속에 파이프를 묻어 일정한 시간마다 물방울을 똑똑 떨어트리는 이 방식은 식물뿌리에 필요한 만큼의 물만 공급하는 점적관개 Drip Irrigation 기술로 불린다. 이 기술로 물은 40%만 쓰고 생산량은 50%나 증가했다.

이를 위해 이스라엘은 해저 221m 갈릴리 호수에서 퍼 올린 물을 사막 암반층에 저장했다. 그 물에 녹조가 끼기 시작하자 그들은 이 녹조를 먹고 자라는 물고기를 풀어놓기로 했다. 그러나 사막의 열기를 머금은 섭씨 38℃, 그것도 민물과 해수 중간 염도인 이 물 속에서 살 수 있는 물고기는 존재하지 않았다.

놀랍게도 유대인들은 없으면 만들기로 했다. 그들은 독일의 가죽잉어에 주목했다. 가죽잉어는 비교적 높은 수온에서도 견뎌내며, 얕은 바닷물에서도 서식할 정도로 생태적응력이 뛰어나면서도 식물성 퇴적물을 선호하는 장점이 있었다. 마침내 유대인들은 독일 가죽잉어와 먹성 좋고 덩치 큰 이스라엘 토착잉어를 교배시켜 생명력이 강한 이스라엘 잉어라는 새로운 품종을 개량해냈다.

독일 가죽잉어에도 재미있는 탄생 비화가 있는데, 이 또한 필요에 의해 개량된 품종이라는 것이다. 원래 중세 유럽의 수도원에서는 단백질 공급용으로 잉어를 양식했다. 그중에서도 독일 수도사들이 먹기 쉽도록 비늘이 없는 잉어만을 골라 오랜 세월에 걸쳐 품종을 개량한 것이 바로 독일 가죽잉어였다.

하지만 유대인들은 이스라엘 잉어를 식용으로 먹기 위해 다시 거꾸로 비늘이 있는 품종으로 개량했다. 유대인 율법의 정결법인 코셔에 따르면 비늘 없는 생선을 먹어서는 안 되기 때문이다. 그래서 모체가 된 독일 가죽잉어와는 달리 이스라엘 잉어는 등지느러미 아래 부분에 큰 비늘이 있다.

한국에 온 이스라엘 잉어

이렇게 품종 개량된 이스라엘 잉어는 전후 우리나라에도 들어왔다. 먹거리가 부족했던 시절인 1973년 이스라엘 농무성을 통해 치어 1,000마리가 보급된 것이다. 1978년부터 전국 호수에서 대대적인 가두리 양식이 시작됐다. 양식업자들은 이를 냄새나는 물고기라는 뜻으로 향어라 불렀다.

향어는 1990년대 후반까지 내수면 양식으로 각광받았고 공급이 많은 만큼 유료낚시터에서 인기를 끌었으나 수질보호를 위해 1997년부터 호수의 가두리 양식장이 사라지면서 양식이 중단되었다.

그러나 향어가 일반 잉어보다 2~2.5배나 성장 속도가 빠르고, 내수면 양식은 바다 양식보다 초기 투자비가 적게 들다 보니 다시 각광받기 시작했다. 오늘날엔 가두리 양식이 아닌 논에 지하수를 채워 만든 양식장에서 이 향어를 키우고 있다.

2018년 우리나라 향어 생산량은 1,600t 정도였고 중국산도 많이 수입되었다. 국립수산과학원은 일반 향어보다 성장속도가 약 40% 빠른 육종향어를 개발해 양식업계에 보급했는데, 치어를 17개월간 키웠을 때 일반 향어는 몸무게가 1.8kg이었으나 새로 개발한 향어는 2.5kg에 달한다.

향어는 국내 내수면 양식 산업에서 뱀장어, 메기, 송어, 붕어에 이어 5번째로 생산량이 많은 어종이다. 육질이 탄력 있고 식감이 좋아 횟감으로 인기가 높은데 값도 착한 편이다. 매운탕을 해도 잔가시가 없고 살이 푸짐해 국물 맛이 달콤하면서도 진하다.

독일 수도원에서 개량한 가죽잉어가 이스라엘 국민을 통해 모습이 바뀌고 다시 한국으로 넘어와 향어란 이름으로 다시금 우리를 살찌웠다.

세계의 진미,
송로버섯

향으로 먹는 버섯

세계 3대 진미로 꼽히는 식재료들이 있다. 철갑상어의 알 캐비아, 거위 간으로 만든 푸아그라와 송로버섯이 그것이다. 이 중에서도 최고의 진미로 꼽히는 것이 송로버섯이다.

2007년 내가 이탈리아 밀라노 무역관으로 부임했을 때 우리나라 고위관리와 저녁 식사를 한 일이 있었다. 그 분은 나에게 송로버섯에 대해 질문을 했다. 그때까지만 해도 송로버섯에 대해 전혀 몰랐던 나는 송이버섯을 말하는 줄로 착각했다. 내가 이탈리아의 자연산 송이버섯의 식감에 대해 이야기하자 그는 송이버섯이 아니고 송로버섯, 즉 트러플Truffle에 대해 아느냐고 다시 물었다. 지금 생각하면 우스운 에피소드다. 이 일이후로 나는 송로버섯에 관심을 갖게 되었다.

매년 10월이면 이탈리아 북부에 있는 알바 시에는 전 세계에 사람들이 몰려든다. 한 바퀴 돌아보는 데 10분도 채 걸리지 않는 이 작은 마을에 많은 사람들이 몰려드는 이유는 송로버섯 축제에 있다. 송로버섯은 그 귀한 향과 독특한 식감으로 로마시대부터 귀족과 미식가들을 매혹시켜 왔다. 특히 프랑스와 이탈리아에서는 푸아그라나 식용 달팽이보다 송로버섯을 최고의 식재료로 여긴다. 도대체 그들은 왜 땅속에 숨어있는 이 자그마한 버섯에 열광할까?

송로버섯의 향은 성적 흥분을 일으키는 페로몬 냄새와 유사하다고 한다. 고대 로마 귀족들은 이 송로버섯을 최음제로 사용했으며 네로 황제와 황후는 사랑의 묘약이라는 별명까지 붙여주었다. 여자가 먹으면 요염해지고, 남자가 먹으면 정력을 보장해 준다는 소문 때문에 프랑스 귀부인들에게 인기가 많았다. 프랑스의 태양왕 루이 14세도 연회 때마다 이 송로버섯 요리를 빼놓지 않았다고 한다.

이렇다 보니 송로버섯은 같은 무게의 금값과 견줄 만큼 비쌌다. 호경기 때에는 경매에서 버섯 한 개에 억대 이상에 낙찰되곤 했다. 2010년 이탈리아에서 발견된 900g짜리 송로버섯이 그해 11월 초 경매에서 한국의 한 와인 마스터에게 1억 6,000만 원에 낙찰된 적도 있다. 그렇다면 송로버섯이 이렇게 비싼 이유는 무엇일까?

송로버섯이 비싼 이유는 그 자체의 희귀한 향 때문이다. 송로버섯이 든 요리는 다른 재료의 향을 최대한 억제해 전체적으로 송로버섯의 풍미를 살리는 것도 이러한 이유에서다. 송로버섯이 비싸게 판매되는 두 번째 이유는 생산량이 극히 적기 때문이다. 세계 3대 진미로 꼽히는 만큼 그 수요는 많은데 수확량은 예상할 수 없으니 가격이 비쌀 수밖에 없다. 특히 수확량이 부족한 해에는 가격이 천정부지로 오른다.

이탈리아에서 나는 흰색 송로버섯은 일반적인 검정 송로버섯보다 더욱 강렬한 향을 가지고 있다. 우아하면서도 원초적이어서 이런 향과 희소성 덕분에 검정 송로버섯 보다 서너 배 더 높은 가격에 팔린다. 이탈리아에서는 이 흰색 송로버섯을 휴대하고 대중교통을 이용하는 것을 법으로 금지했을 정도로 향이 강하고 독특하다. 다만 프랑스의 검정 송로버섯은 끓는 물에 데쳐 보관해도 향을 잃지 않으나 이탈리아의 흰색 송로버섯은 날것으로만 그 향을 보존할 수 있다.

미식가들의 목표가 되다

송로버섯은 땅, 그것도 떡갈나무 숲의 땅 속에서 자란다. 그래서 사람의 눈에는 잘 보이지 않고, 보게 되더라도 돌멩이인지 흙덩이인지 구분하기도 어렵다. 그래서 찾아내는 방법도 특별하다.

보통 땅속에서 자란다고 하면 뿌리채소로 이해하기 쉬운데 송로버섯은 엄연히 버섯류로 향을 통해 존재를 알 수 있다. 송로버섯의 종균은 보통 30cm 정도 깊이의 땅속에서 자라며 깊게는 1m 아래에서 자라기도 한다. 인간이 향을 맡고 캐내기에는 애초에 불가능한 것이다.

송로버섯은 강한 페르몬 향내를 풍기기 때문에 후각이 발달한 동물을 이용해 숲 속을 샅샅이 뒤져 이를 찾아야 한다. 송로버섯 채취자는 버섯의 정확한 위치를 알아내기 위해 일명 '헬로미자 투베리보'라고 불리는 송로버섯파리를 관찰하기도 한다. 안개 낀 낮이나 약한 비가 내려 땅에서 냄새가 올라오면 이 파리들이 나타나는데 질 좋은 송로버섯이 있을수록 더 많이 몰려들기 때문이다.

과거에는 암퇘지를 시켜 송로버섯을 채집했다. 송로버섯의 냄새가 발정기 숫돼지에서 나오는 성호르몬과 비슷했기 때문이다. 하지만 암퇘지는 송로버섯을 파내자마자 말릴 틈도 없이 먹어 치우는 일이 많아 요즈음은 냄새를 잘 맡는 사냥개를 주로 이용한다. 개는 송로버섯을 좋아하지 않아 버섯이 손상될 염려도 적다.

또한 송로버섯은 한밤중에 찾는것이 보통이다. 개들의 후각 집중력이 밤에 더 잘 발휘될 뿐만 아니라 다른 사람들에게 송로버섯 발견 장소를 알리지 않으려는 뜻도 있다. 훈련된 개들은 떡갈나무 숲에서 후각을 통해 송로버섯을 추적한다. 송로버섯이 있는 곳에 다다르면 개들은 흥분해서 이내 땅을 파기 시작한다.

채집꾼들은 개의 시선을 돌리고 나서 조심스럽게 흙을 파헤친다. 이렇게 찾아낸 송로버섯은 호두알만 한 것에서부터 성인 주먹만 한 것까지 크기가 다양하다. 1kg이 넘는 것은 보기 드물고 크기가 커질수록 가격은 기하급수적으로 비싸진다.

한국에서도 송로버섯 향을 첨가한 일명 트러플 오일의 인기가 높다. 기회가 된다면 이탈리아 식당에서 맛보는 것을 추천한다. 요리 위에 송로버섯 가루를 살짝 뿌려주기 때문에 음식 가격이 생각만큼 비싸지는 않다. 최근에는 값싼 중국산 송로버섯도 판매되고 있다. 특히 원난성에서 많이 생산되는데 최근에는 인공재배에도 성공했다. 이렇게 재배한 중국산 송로버섯 가격은 1kg에 30~40달러 정도로 프랑스나 이탈리아 가격의 100분의 1에 불과하다.

바빠진 현대인들을 위해 음식도 빠르게 바뀌어
갔다. 미국에서 탄생한 패스트푸드가 그것이다.
음식의 국경이 허물어지면서 현지화에 성공해
재수출하는 경우도 생겨나고 있다. 우리나라의
라면이 좋은 예다.

현대
: 우리 삶 속
음식 이야기

패스트푸드
이야기

이탈리아를 찾은 미국인 관광객들이 피자를 찾았다. 이들의 요구에 맞춰 피자집이 이탈리아 전국에 들어섰다. 자연스럽게 로마·밀라노·피렌체 등 북부지역 사람들도 피자를 알게 됐다.

미국이 만든
세계의 음식

바쁘다, 바빠

    미국이 만든 세계적인 음식이 바로 패스트푸드이다. 패스트푸드는 말 그대로 빨리Fast 먹을 수 있는 바쁜 사람들을 위한 음식Food이다. 나는 뉴욕에서 근무할 때 미국이 패스트푸드의 천국이라는 말을 실감했다. 그들은 아침에 사무실 근처 델리나 카페에서 간단한 토스트나 햄버거를 담은 갈색 봉투를 들고 출근했다. 점심을 간단히 해결하고 업무를 하기 위해서이기도 하지만 그보다는 비싼 뉴욕의 음식값 때문으로 보이기도 했다.

    사실 우리 음식인 김밥과 떡볶이, 라면 등 분식류와 국수와 국밥도 빠르고 간편하게 먹을 수 있다는 면에서 패스트푸드로 분류할 수 있겠다. 참고로 2018년 전 세계 패스트푸드 체인 매출액 순위는 다음과 같다.

1. 맥도널드: 385억 달러

2. 스타벅스: 197억 달러

3. 서브웨이:104억 달러

4. 타코벨: 103억 달러

5. CHICK-FIL-A: 100억 달러

6. 웬디스: 100억 달러

7. 버거킹: 96억 달러

8. 던킨: 88억 달러

9. 도미노피자: 66억 달러

10. PANERA BREAD: 57억 달러

11. 피자헛: 55억 달러

12. 치폴레 48억 달러

한편 2019년 세계 10대 패스트푸드 브랜드 가치 순위를 보면 8위 캐나다의 팀홀튼 Tim Hortons 를 제외하고 모두 미국 브랜드다.

1. 맥도널드: 1,304억 달러

2. 스타벅스: 459억 달러

3. KFC: 172억 달러

4. 서브웨이:171억 달러

5. 도미노피자: 96억 달러

6. 피자헛: 76억 달러

7. 버거킹: 71억 달러

8. 팀홀튼: 67억 달러

9. 치폴레: 62억 달러

10. 타코벨: 52억 달러

패스트푸드는 고칼로리가 대부분이라 비만의 주범으로 지목되고 있다. 실제 1950년대 패스트푸드 범람 이후 미국인의 비만도가 대폭 상승한 것으로 알려졌다. 그래서인지 미국인들도 점점 더 건강식을 선호하기 시작하면서, 샌드위치 재료를 본인이 직접 선택할 수 있는 서브웨이 매장의 성장세가 폭발적이다.

세계인이 좋아하는 멕시코 음식

세계 10대 패스트푸드 브랜드 중 9위, 10위가 모두 멕시코 음식이다. 국내에도 매장이 있는 타코벨은 현재 미국 내에 5,000개 이상의 매장이 있으며 멕시코 요리 부리또Burrito, 타코Taco, 퀘사디아Quesadilla를 판매한다.

보통 뉴욕 등 대도시에서 한 끼 식사를 할 경우 1인당 20~30달러는 지불해야 하는 편인데 타코벨의 경우에는 1인당 10달러 초반으로 가성비가 좋은 편이다. 비교적 접근성이 좋다는 장점도 있다. 또한 1993년에 설립한 치폴레는 가장 빠르게 성장하고 있는 브랜드이다. 재료를 골라 먹는 건강한 음식이라는 이미지가 브랜드 가치 상승에 기여한 것으로 보인다.

▌ 타코

▌ 브리또

세계인이 좋아하는 터키 음식, 케밥

케밥은 터키어로 '구운 고기'라는 뜻이다. 중앙아시아 초원지대와 사막을 누비던 유목민들이 간단하게 육류를 요리해 먹던 것에서 유래해 발전한 음식인데 지금은 터키의 대표 음식이 되었다. 주로 양고기를 사

▌ 되네르 케밥

용하지만 쇠고기와 닭고기를 쓰기도 한다. 이스탄불에서 꼭 먹어야 할 음식으로 꼽히는 고등어 케밥도 유명하다.

케밥의 종류는 지방마다 매우 다양한데 대표적인 것으로는 고기를 빙빙 돌려 불에 굽는 되네르 케밥, 진흙 통구이인

쿠유 케밥, 쇠꼬챙이에 끼워 구운 시시 케밥 등이 있다. 지금은 어느 나라에서나 볼 수 있는 인기 있는 패스트푸드가 되었다.

뉴욕의 상징이 된 할랄가이즈

1990년대 맨해튼에서 무슬림 청년 3명이 작은 푸드카트 하나로 시작한 할랄가이즈는 곧 뉴욕 길거리 음식의 상징으로 떠올랐다. 여기엔 이슬람 택시 기사들의 입소문이 주효했다. 이후 할랄가이즈 푸드카트는 우후죽순으로 생겨나 무슬림은 물론 뉴요커들의 사랑을 받게 된다.

할랄은 원래 이슬람 율법에서 허용된 재료로만 만든 음식이다. 주 메뉴는 케밥식 덮밥으로 주로 닭고기, 양고기로 요리되며 빵과 소스를 얹어 함께 먹는다. 신선한 재료로 만든 푸짐한 요리와 각종 소스 덕분에 할랄가이즈 앞에는 항상 줄이 길게 늘어져 있다. 우리나라에도 할랄가이즈 매장이 여럿 성업 중이다.

러시아를 초토화한
햄버거 패티

햄버거의 기원은?

    햄버거에 들어가는 다진 고기 패티Patty는 몽골에서부터 시작된 음식이다. 몽골인들은 유목 생활을 할 때 양고기나 쇠고기를 적당히 잘라 안장 밑에 넣고 다녔다. 말이 뛸 때마다 충격이 더해져 다져진 고기는 날로 먹을 수 있을 정도로 부드러워지고 말의 체온으로 숙성까지 되어 먹기에 좋았다.

    이 고기는 전쟁 때도 유용하게 사용되었다. 육포 가루를 만들 시간이 없으면 몽골인들은 자른 고기를 안장 밑에 넣고 전장으로 출발했다.《동방견문록》을 쓴 마르코 폴로는 망아지 한 마리 분량의 살코기가 있으면 몽골전사 100명이 하루치 식량으로 삼을 수 있다고 기록했다. 이런 식습관 때문에 몽골군들은 말에서 내리지 않고도 식사를 해결하고 세계에

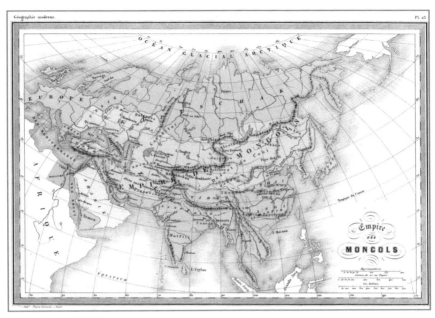

| 몽골제국 전성기 영토

서 가장 넓은 땅을 점령할 수 있었다.

1237년 러시아를 침공한 몽골은 몇 년이 채 지나지 않아 러시아 정복을 끝내고 이어 폴란드와 크로아티아 그리고 헝가리 왕국을 공격했다. 몽골군이 러시아를 이렇게 신속하게 정복할 수 있었던 힘은 그들의 뛰어난 전술과 잘 훈련된 병사들 이외에도 몽골군의 주식이 한몫했다.

몽골 침략 이후 러시아는 킵차크 한국에 편입되어 몽골의 지배를 받는데 이 시기를 러시아 사람들은 '타타르의 멍에'라 부른다. 이는 1240년부터 1480년까지 러시아가 킵차크 한국에게 지배받던 기간을 말한다.

    러시아에서는 몽골군의 고기를 스테이크 타타르Steak tartare라고 불렸는데 이는 몽골 스테이크라는 뜻이다. 이후 이 요리는 14~15세기에 독일 함부르크까지 퍼져나갔다. 그 뒤 함부르크에서 뉴욕으로 건너간 이 요리를 미국인들은 함부르크에서 왔다 하여 햄버그 스테이크Hamburg steak라고 불렀다.

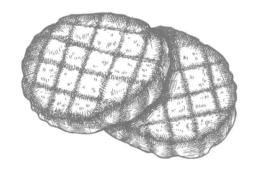

간이 접시에서 시작된
피자

빈민과 어부들의 식사

피자는 나라와 인종을 가리지 않고 가장 인기 있는 대중음식 중 하나다. 이탈리아 남부의 가난한 사람들이 먹던 한 끼 식사가 세계인에게 사랑받는 음식이 되는 과정은 한 편의 드라마라 할 만하다.

18세기 이탈리아 항구 도시 나폴리에는 수많은 빈민이 모여들었다. 그들은 아침 일찍 일하러 나가기 전 노점에서 피자를 사먹었다. 어부들도 배를 타러 나서기 전 피자로 허기를 채우는 일이 많아지자 이들을 위한 피자가 따로 생겨났다. 피자 마리나라 Pizza marinara가 그것이다.

이렇듯 피자는 집 안에 변변한 조리시설이 없는 사람들이 한 끼를 때우는 초라한 노점식사였다. 노점상들은 간이 탁자를 펼쳐 놓고 피자를 조각으로 잘라 팔았다. 아침 식사용 조그만 피자 조각은 1페니, 점심 도시락으로는 큰 것은 2페니였다. 그나마도 형편이 안 되는 사람들은 먼저 먹고 8일 뒤에 갚는 피자 아 오토Pizza a otto라는 외상 거래를 하기도 했다. 이렇게 각자의 형편에 맞춰 작은 조각으로도 살 수 있는 피자는 가난한 사람들의 삶을 지탱해주는 소중한 음식이었다.

먹을 수 있는 그릇, 피타

고대 시리아에서는 이스트로 밀가루를 발효시켜 만든 동그랗고 넓적한 빵을 피타Pitta라 불렀다. 고대인들은 이 빵을 그릇 삼아 그 위에 음식을 올려놓고 먹었다. 로마인들이 에트루리아인들과 그리스인들의 플랫브레드Flat bread 만드는 기술을 접목했다. 즉, 그리스인들로부터는 반죽을 굽기 전 미리 올리브 오일, 마늘, 양파, 허브 등 토핑을 올리는 조리법을, 에트루리아인들로부터는 아래로부터 뜨거운 열을 가해 반죽을 굽는 방법을 이어받아 오늘날 피자와 비슷한 요리를 만들어낸 것이다.

고대 로마 시절부터 빵을 그릇 삼아 그 위에 여러 음식을 올려놓고 먹는 전통이 있었다. 당시 그릇은 청동 그릇이었는데 무겁고 귀했기 때문에 서민들은 사용할 수 없었다. 그래서 자연스럽게 빵으로 만든 그릇에 음식들을 덜어 먹는 방법이 생겨났다. 플라첸타Placenta라는 음식이 대표적인데, 얇고 넓적한 빵 피체아Picea 위에 치즈, 꿀, 월계수 잎을 올려 만들었다. 토르타Torta는 둥글고 납작한 빵 포카치아Focaccia 위에 각종 야채나 버섯을 올리고 허브, 소금, 올리브기름을 뿌려 먹었다.

참고로 유럽에서는 17세기 중반까지 큰 청동제나 금·은으로 된 접시에 음식을 손으로 집어 먹은 뒤 핑거볼의 물로 손을 씻고 수건으로 닦는 식사 방법을 사용했다. 레오나르도 다빈치 시대의 다른 화가가 그린 식사 그림을 보아도 나이프는 그려져 있지만 포크나 스푼은 그려져 있지 않다. 유럽에서 나이프, 포크, 스푼을 본격적으로 사용한 것은 18세기 중반부터였다. 포크는 16세기 무렵 이탈리아에서 처음 사용해 북방으로 전파되었고 반대로 스푼은 북유럽에서 생겨나 남쪽으로 전해졌다.

빵, 토마토, 치즈의 삼위일체

나폴리의 빈민음식으로 탄생된 피자는 토핑에 따라 그 종류가 무궁무진하다. 가장 싼 피자는 빵 위에 마늘과 소금, 라드라고 불리는 돼지기름 조각 등을 올린 것인데 빵과 토핑 모두 하얀색이라 화이트 피자 Pizza bianca 라 불렸다. 나중에는 더 비싸고 고급스러운 토핑, 예를 들어 바질 Basilico 과 같은 채소나 카초카발로 Caciocavallo 같은 치즈, 멸치나 정어리볶음인 체체니엘리 Cecenielli 등을 올린 피자들이 나오기 시작했다.

나폴리 사람들은 토마토 토핑을 최초로 고안해냈다. 피자에 토마토와 더불어 모차렐라 치즈가 더해지며 한층 맛이 좋아지고 나중에 유명한 마르게리타 Pizza margherita 가 되었다.

19세기에 나폴리를 중심으로 피자가 발전한 데는 당시 이 지역을 통치했던 스페인 부르봉 왕조의 페르디난도 1세와 마리아 카롤리나 왕비

┃ 피자 마르게리타

의 역할이 컸다. 왕비는 서민음식인 피자를 즐겨 먹었는데 이 사실이 국민들에게 널리 알려지면서 귀족이나 일반 백성들에게도 피자의 인기가 높아졌다. 집에 피자 오븐을 들여놓는 귀족들이 생겨날 정도였다.

그 뒤 피자가 이탈리아의 국민음식이 되는 상징적인 사건이 있었다. 1889년 나폴리를 방문한 사보이 왕가의 움베르토 왕과 마르게리타 왕비가 프랑스 요리에 질려 이탈리아 요리를 청한 것이다.

그런 이들을 위해 특별한 피자들이 준비되었는데, 왕과 왕비는 그 중 토마토와 모차렐라, 바질을 얹어 초록, 하양, 빨강의 이탈리아의 국기를 상징하는 피자를 선택했다. 그 뒤 이 피자는 왕비의 이름을 따 마르게리타 피자_{Pizza margherita} 라 불렸다. 당시 이탈리아의 통일 기운이 높아지던 시대의 흐름과도 절묘하게 맞았던 덕에 마르게리타 피자는 이탈리아 사람들에게 가장 사랑받는 음식이 되었다. 사보이 가문은 통일 이탈리아 왕국을 창립한 왕조로 유명하다.

최초의 길거리 패스트푸드에서 국민 음식으로 재탄생

19세기 나폴리 거리에는 피자 노점상이 흔했다. 피체리아 Pizzeria 라 불리는 화덕을 갖춘 최초의 피자 전문점은 1830년 나폴리에 문을 연 포르트 알바 Port' Alba로 지금도 성업 중이다.

이후 빠르고 저렴한 피체리아의 콘셉트는 피자 대중화에 중요한 요소로 작용했다. 19세기 이후 이탈리아의 통일 과정에서 이탈리아 남부 항구도시의 서민음식 피자는 전국으로 퍼져 나가기 시작했다.

피자의 세계화에는 미국의 역할이 컸다. 19세기 후반 나폴리와 시칠리아 등 남부 이탈리아인들이 미국 뉴욕, 보스턴 등 북동부 대도시로 대거 이주했다. 자연스럽게 피자집이 생겨났는데, 미국 최초의 피자 전문점은 1905년 맨해튼에서 문을 연 롬바르디였다. 초기 손님들은 향수를 달래고픈 이탈리아 이민자들이었는데, 2차 대전 후 이탈리아 전선에서 돌아온 전역병사들에 의해 피자가 널리 퍼지기 시작했다. 이 새로운 소비층은 미국뿐 아니라 이탈리아의 피자 역사까지 바꿔놓았다.

이탈리아를 찾은 미국인 관광객들은 피자를 찾았고 이들의 요구에 맞춰 이탈리아 전국에 피자집이 들어섰다. 자연스럽게 로마, 밀라노, 피렌체 등 북부 지역 사람들도 이러한 피자를 맛보게 됐다. 특히 미국 문화를 선망하던 젊은 층의 인기가 높았다.

미국에서는 1950년대 이탈리아계 가수 프랭크 시나트라와 야구선수 조 디마지오가 피자 홍보에 큰 역할을 했다. 이들을 우상으로 여겼던 팬들이 덩달아 피자를 찾으면서 미국에 피자가 퍼져나갔다.

이후 체인점들이 본격적으로 생겨나 피자는 외식사업의 성공적 메뉴로 정착했다. 1954년 셰키스Shakey's를 비롯해 1958년 피자헛 Pizza Hut, 1959년 리틀 시저스Little Caesar's, 1960년 도미노 피자Domino's Pizza 등이 그것이다. 1960년대 이후 피자는 미국인의 주식 가운데 하나로 자리 잡았다.

미국 문화를 동경하던 아시아를 비롯한 여러 나라에서도 피자의 인기가 높아져 불과 50년도 안 되어 피자는 세계에서 가장 많이 먹는 음식 중 하나가 되었다. 우리나라에서 대중들에게 피자 이름을 최초로 선보인 것은 1967년 6월 30일 〈동아일보〉 기사였다. 제 6대 대통령 취임식 준비 중 국빈 대접을 위해 준비한 양식 안주 가운데 하나가 피자 파이였다.

1980년 피자는 서양음식의 대표주자로 알려져 주로 경양식당에서 판매되었다. 이탈리아 전통음식이라는 사실을 강조했지만 실제로는 미국식에 가까웠다. 이때까지만 해도 피자는 술안주나 간단한 끼니 대용 등 다소 가벼운 음식이었다. 1984년에 최초의 이탈리아형 피자가게가 문을 열었으며 이듬해 피자헛이 점포를 열면서 본격적인 대중화의 길을 걸었다.

보잘 것 없는 서민음식에서 세계인이 즐겨먹는 음식으로 변신할 수 있었던 피자의 비결은 바로 변화무쌍함이다. 반죽 위에 토핑을 올려 불에 굽는 방법으로 만들기 쉽고, 좋아하는 재료를 골라 입맛에 맞게 바꿀 수 있다. 크기나 두께도 다르게 만들기 쉬워 아이스크림처럼 한 손에 쥐고 먹는 콘이나 떠먹는 파이 형태로도 쉽게 변형이 가능하다. 불고기 피자, 불닭 피자 등 한국식 토핑도 거뜬히 소화하는 피자의 세계는 끝이 없다. 다음에는 또 어떤 피자가 생겨날까?[1]

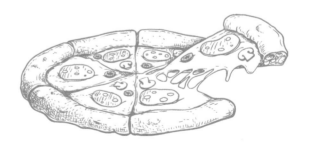

바이킹의 잔치,
뷔페

밤낮으로 즐기는 잔치

　뷔페가 원래 바이킹의 음식이었다는 것을 아는 사람은 있지만, 라스베 가스 카지노에서 붐을 일으켰다는 사실을 아는 사람은 드물다. 어떤 연 유로 북해 바다 마을의 음식이 사막 한복판에서 재탄생하게 된 것일까?

　바이킹은 게르만족의 일파로 농사환경이 척박한 스칸디나비아 반도 와 덴마크에서 식량을 구하러 바다로 나가야만 했다. 다행히 덴마크 일 대의 북해 연안은 세계 5대 갯벌 중 하나로 드넓게 펼쳐진 대륙붕에는 어족이 풍부했다. 그들은 오랫동안 고기잡이와 해적질을 하며 살았다.

　썰물 때 갯벌에서도 쓰러지지 않는 밑바닥이 편평한 배를 만들어 고 기를 잡았다. 해적질을 하기 위해서는 유선형 배보다도 빠른 배가 필요 하기도 했다. 이런 연유로 선박 건조기술과 항해술이 출중해야 했다.

　바이킹은 유럽의 봉건군주국과는 달리 평등사상을 가지고 물건을 약
탈하면 선장과 선원들이 약탈품을 공평하게 나누었다. 강력한 단결력을
바탕으로 바이킹들은 마을의 중요한 일을 결정할 때 모든 사람들이 참
석하여 진행하는 회의를 소집했다. 회의에서 안건이 결정되고 나면 모두
모여 놀이를 즐겼다.

　바이킹들이 배 안에서는 소금에 절인 음식과 햇볕에 말린 음식만 먹
었지만 고향에 돌아오면 해적질로 얻은 노획물들을 펼쳐놓고 그간 먹고
싶었던 온갖 신선한 음식을 가득 차려놓고 밤낮으로 즐긴 것이 뷔페의
기원이라고 한다.

　바이킹은 강력한 전투력으로 발트 해와 북해의 해상권을 장악한 후
전 유럽을 침략해 약탈을 일삼았다. 당시 지중해는 이슬람이 장악하고

있어 프랑크 왕국과 비잔틴 제국은 위로도 밑으로도 진출할 엄두를 내지 못하고 대륙에 갇혀 살았다.

이후 바이킹은 해상권을 바탕으로 통상에 눈을 떴다. 그들은 강을 따라 오르내리는 수로를 통한 내륙 운송 루트를 개척하여 북유럽 교역망을 만들어 상권을 장악했다. 바이킹이 유럽 곳곳에 구축한 해상 교역망과 내륙 수로 덕분에 11~12세기 이후 유럽의 상업도시는 크게 발전했다. 바이킹이 암흑의 중세를 상업과 교역으로 흔들어 깨운 것이다.

그 뒤 스웨덴 사람들은 바이킹이 즐기던 상차림을 스모르가스 보르드Smorgas bord라고 불렀다. 집에서 만든 음식을 펼쳐놓고 손님들을 초대한 데서 나온 것이다. smor는 빵과 버터를, gas는 가금류 구이를, bord는 식탁을 의미하는 단어라고 한다. 이런 상차림의 장점은 좁은 곳에서도 많은 손님을 빠르게 치를 수 있다는 점이다.

이후 뷔페는 17~18세기 프랑스에서 유행했고, 19세기에는 영어권 국가들에도 퍼져나갔다. 뷔페Buffet는 원래 열차 안이나 정거장에 서서 간단하게 먹는 식당을 가리키는 프랑스어다.

나가지 말고 여기서 다 드세요

이런 뷔페가 전 세계로 퍼지게 된 결정적 계기는 초창기 미국 라스베이거스 카지노 호텔 덕분이었다. 카지노 호텔들은 어떻게 하면 고객들을 좀 더 많은 시간 호텔 내에 머무르게 할 수 있을까를 연구했다. 그래서 시간이 지나는 것을 알리는 시계와 거울 그리고 창문을 모두 없앴다. 손님들이 외부 환경과 자신을 인식하게 하는 것을 모두 제거한 것이다.

고객들이 식사를 위해 호텔을 나서는 것도 큰 문제였다. 여기서 나온 아이디어가 현대식 뷔페였다. 손님이 원하는 모든 종류의 식사를 호텔에서 한꺼번에 제공하게 되자, 손님들은 호텔 안에서만 시간을 보내게 되었다.

호텔에 들어온 손님의 다양한 식욕을 비교적 저렴한 가격에 해결해주면서도, 빠르게 식사를 마치고 도박장에 복귀할 수 있도록 만든 뷔페는 곧 라스베이거스의 명물이 되었다. 라스베이거스에 갈 때는 도박꾼들이 몰리는 주말보다 주중에 가서 저렴한 가격에 풍성한 뷔페를 즐겨보시길!

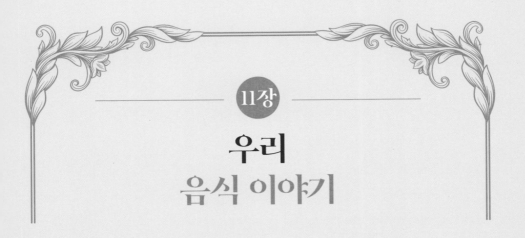

11장

우리
음식 이야기

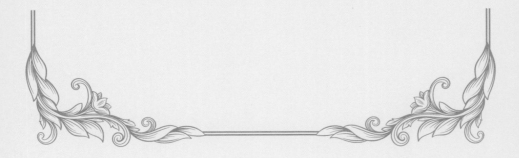

한민족의 대표 음식인 국은 몽골 문화가 들어온 후에 채소국에서 고깃국으로 변화했다. 고깃국을 먹기 시작한 시기는 알 수 없지만, 고려 전반기에는 없었던 조리방식이 등장한 것으로 미루어 볼 때 몽골로부터 전달받은 고려 후기 요리법임을 짐작할 수 있다.

한국에서 꽃핀
라면

납면, 라멘, 그리고 라면

우리가 즐겨먹는 라면의 유래는 어디일까? 라면은 본래 중국 북방의 납면拉麵이라 불리는 국수로 닭뼈나 멸치 등으로 우려낸 육수에 면을 말아먹는 음식이었다. 납면은 '끌어당겨 만든 면'이라는 뜻으로 이른바 수타국수다. 1870년대 일본에 들어온 중국인들이 노점에서 납면을 만들어 팔기 시작한 것이 일본 라멘의 시초가 되었다.

이러한 국수가 튀김 면으로 바뀐 데는 사연이 있다. 일본 전체가 굶주림에 시달리던 1950년대에 전문학교 경제학과를 막 졸업한 대만계 일본인 안도 모모후쿠라는 남자가 있었다. 그는 면 가게를 차렸으나 전후 상황인지라 돈을 벌기는커녕 빚을 지고 말았다. 1957년 어느 날 그는 부인이 튀김(덴뿌라) 요리를 하는 것을 보고 라멘의 아이디어를 떠올렸다.

튀김 요리의 수분이 모두 날아가는 것을 보고 이에 착안해 밀가루 면을 튀겨 보존기간을 획기적으로 늘린 것이다. 이것이 우리가 아는 꼬불꼬불한 라면의 시작이었다.

그는 이듬해 닛신 Nissin 식품을 세우고 1958년 식량난으로부터 사람들을 구제하기 위한 방안으로 미국으로부터 들어오는 구호물자 밀가루로 면발이 굵은 튀긴 면을 생산했다. 이로써 세계 최초의 인스턴트 라면인 치킨라멘이 탄생하게 되었다. 지금도 일본에서 흔히 볼 수 있는 상품이기도 하다.

어렸을 때부터 가난했던 안도 모모호쿠는 사람들이 배고픔을 다소라도 줄이는 데 기여하기 위해 대단한 결심을 하게 된다. 국내외 업체가 자유롭게 라면을 생산할 수 있도록 제조특허 독점을 포기한 것이다. 그러자 얼마 안 가 수많은 복제상품이 등장해 어려움에 처했다. 그러자 그는 이를 극복하기 위해 1971년 컵라면을 개발하기에 이른다.

컵라면의 면발이 꼬불꼬불한 이유는 작은 봉지나 컵에 긴 면발을 넣기 위해서이다. 컵라면 한 가닥의 길이는 약 65cm로 한 봉지 안에 들어가는 면발의 총 길이는 50m나 된다. 또한 면이 꼬불꼬불하면 잘 부서지지 않고 쫄깃쫄깃해 맛도 더 좋다.

대한민국 라면의 시작

한국 최초의 라면은 어떤 모습이었을까? 이야기는 1960년대 초 남대

문시장에서 미군이 남긴 음식으로 만든 꿀꿀이죽을 먹기 위해 사람들이 줄을 선 일에서 시작한다. 이 모습을 본 한 남자는 무엇보다 지금 한국에 시급한 것은 식량문제 해결이라고 생각하게 된다. 그는 바로 1950년대 말 보험회사를 운영한 경험이 있는 전중윤이었다. 일본에서 인스턴트 라면을 먹어본 그는 자신의 경험을 떠올려 조리가 간편한 라면이 우리나라에 대규모로 보급된다면 식량문제를 해결할 수 있을 것이라 판단했다.

그는 정부로부터 5만 달러를 빌려 일본의 묘조明星식품으로부터 라면 제조기술과 기계를 도입했다. 전후 어려운 한국의 사정을 들은 묘조 사장이 흔쾌히 무상으로 기술 일체를 가르쳐 준 덕분에 전 사장은 삼양라면을 만들 수 있었다.

1963년 9월 출시된 삼양라면의 무게는 100g, 가격은 10원이었다. 전 사장은 배고픈 사람들을 배려해 당시 일본 라면 평균보다 15g을 늘리고 가격도 최대한 싸게 판매했다. 당시 커피 값이 35원, 담배 값이 25원이었다. 이어 1965년 롯데공업(현 농심)도 라면 사업에 뛰어들었고, 1980년대에 이르자 업계의 규모는 점점 커져 한국야쿠르트(현 팔도), 오뚜기, 빙그레가 라면 사업부를 신설하게 된다.

라면이 처음 생산되던 당시만 해도 밋밋한 하얀 국물 맛이었지만, 한국인 입맛에 맞추어 맵고 짠 지금의 맛으로 재탄생했다. 1986년 처음 출시된 신라면이 현재 우리나라 라면의 절대 강자로 군림하고 있다.

한국인의 1인당 라면 소비량은 세계 최고다. 보통 대한민국 국민은 5일에 한 번, 1년에 76번 라면을 먹는다. 라면은 조리하기 쉽고 유통기한이 길어 전 세계에서 연간 1,000억 개, 하루에 2억 8,000여 개가 소비

된다고 한다.

한류 붐을 타고 상승하는 한국 라면의 인기

세계 라면의 40%는 중국에서 소비되고 있다. 2019년 중국의 라면 수입액은 2억 4,000만 달러에 달했는데 그 가운데 절반이 한국 라면이었다. 특히 중국에는 삼양식품의 불닭볶음면 시리즈가 인기가 높다.

삼양식품이 수출에 주력했다면 농심은 1996년 중국 상하이에 현지법인과 공장을 세워 괄목할 만한 성장을 이루어냈다. 농심은 1970년대 초 라면을 수출하면서부터 "남들 하는 대로 따라 하지 말고 시간이 걸리더라도 우리 방식대로 가자"며 한국의 맛이 가장 세계적인 맛이라고 강조했다.

농심 진출 당시 중국인들이 먹는 라면은 그릇에 면과 수프를 넣고 뜨거운 물을 부어 먹는 컵라면과 비슷한 식이었다. 끓여 먹는 라면을 선보인 농심은 진출 초기 문화적 차이로 애를 먹었다. 이후 농심은 현지화 마케팅으로 중국 내륙도시 중심으로 끓여 먹는 라면문화 알리기에 주력했다. 중국인들이 좋아하는 바둑대회를 개최하며 친숙한 이미지 쌓기에도 힘썼다.

브랜드 인지도가 올라가자 제품력을 자신하던 농심라면 매출은 하루가 다르게 성장해 2018년 2억 8,000만 달러를 기록했다. 현재 농심의 중국 영업망은 1,000여 개로 신라면의 인기가 유독 높다. 한국 라면은

〈인민일보〉가 선정한 '중국인이 가장 사랑하는 한국명품'에 선정되기도 했다.

중국 다음으로 면류 소비량이 많은 인도네시아에서도 한국 라면 수입이 급증하고 있다. 한국 라면은 수입시장에서 압도적으로 1위를 차지하며 점유율 85%를 차지할 정도이다.

이러한 기세를 몰아 한국 라면은 미국 시장에서도 한류 붐을 타고 기세를 높이고 있다. 미국 라면시장에서 10년 전 2%에 불과했던 농심의 시장점유율이 꾸준히 상승하면서 시장점유율 15%를 차지해 3위를 달리고 있다. 농심 신라면은 미국 전역 월마트 점포에 입점한 데 이어 미국 최대 대형마트 체인인 코스트코 540개 점포에도 진출해 연간 두 자릿수 매출 성장률을 기록 중이다.

봉준호 감독의 영화 〈기생충〉이 아카데미 시상식을 휩쓸며 농심의 마케팅은 다시 빛을 발하기도 했다. 영화에 등장한 짜파구리(짜파게티+너구리)가 열풍을 일으켰기 때문이다. 우리의 라면이 전 세계 사람들의 입맛을 사로잡길 기대한다.

빈자들의 먹거리,
빈대떡

빈농들의 작물, 녹두

 "돈 없으면 집에 가서 빈대떡이나 부쳐 먹지"라는 후렴구로 유명한 〈빈대떡 신사〉라는 노래가 있을 만큼 빈대떡은 대표적인 서민음식이다. 사실 빈대떡은 과거에도 서민의 음식이었다. 빈대떡이라는 이름의 유래부터 그렇다. 가난한 사람들의 떡, 즉 빈자貧者떡에서 유래되었다는 것이다.

 예로부터 손이 많이 가는 녹두는 빈농들이 심었던 작물이다. 녹두는 메마른 땅에서 비료 없이도 잘 자라 자기 땅이 없는 소작농들이 산비탈이나 논밭 가장자리를 이용해 키울 수 있고, 다른 콩과 비교해 생육기간이 짧아 빨리 먹을 수 있는 작물이었다. 농민들에게는 봄에 보릿고개를 무사히 넘기는 일도 중요했지만 여름 전 보리 수확 후 쌀 추수 때까지 버티는 것도 큰 문제였다. 녹두는 보리 수확 뒤 곧장 씨를 뿌려 추수할 수 있었고 다른 작물과 섞어 심는 것도 가능했다.

그러나 녹두는 다른 콩들과 달리 익으면 꼬투리가 벌어져 콩들이 튕겨 나가다 보니 익는 대로 나누어 수확해야 했다. 게다가 햇볕에 말린 뒤 일일이 손으로 까야 하는 번거로움이 있었다. 이렇듯 일손이 많이 가다 보니 논마지기 있는 농민들은 녹두 재배를 꺼렸다. 그렇다 보니 녹두 재배는 가난한 소작농들의 몫이 될 수밖에 없었다.

녹두는 빈민들을 위한 구황작물 역할도 톡톡히 해냈는데 겨울까지 몇 번이고 수확할 수 있어 산에서 캐낸 칡가루와 섞어 면을 만들어 먹기도 했다. 녹두는 해독에 좋은 것으로도 알려져 있다. 허준의 《동의보감》에는 "녹두는 일체의 독과 주독酒毒을 해독하고, 가슴이 답답하고 열이 나는 증상인 번열과 피부병을 치료하는 효과가 있다."고 적혀 있다. 녹두의 해독작용이 워낙 뛰어나다 보니 한방에서는 특별한 처방을 할 때 녹두 음식을 금하기도 한다.

녹두를 물에 담가 키우면 콩나물과 비슷하지만 좀 더 가늘고 짧은 녹두 줄거리가 된다. 이 녹두 줄거리가 바로 숙주다. 나물로 무쳐 놓으면 맛은 있으나 금방 흐물흐물해지며 쉽게 쉬어버리는 단점이 있다. 조선시대 사람들은 녹두 줄거리가 단종을 버린 신숙주와 닮았다 하여 숙주라고 이름짓기도 했다.

이 녹두만 있으면 만들어 먹을 수 있는 음식이 부침개였다. 조상들은 녹두를 물에 불려 껍질을 벗겨낸 뒤 갈아 여기에 녹두를 싹 틔운 숙주나물을 넣고 돼지기름에 지져 부침개를 만들어 먹었다.

조선시대에 흉년이 들면 거지들이 많이 생겨났는데 세도가들은 거지들에게 녹두 부침개, 즉 빈자貧者떡을 만들어 "어느 댁의 적선이오." 하면서 나누어주었다고 한다. 그 뒤 손님을 대접하는 떡이라 하여 빈대賓待떡으로 바꿔 불렀다고 한다.

동학농민혁명을 이끈 녹두대장 전봉준

새야 새야 파랑새야
녹두밭에 앉지 마라
녹두 꽃이 떨어지면
청포장수 울고 간다

〈새야 새야 파랑새야〉는 1894년 낡은 봉건제도를 개혁하고 만민평등 세상을 추구하며 일제 침략에 맞섰던 동학농민혁명을 대변하는 노래이다. 동학혁명을 주도한 전봉준은 키가 작아 녹두장군綠豆將軍으로 불렸다.

이 노래에서 녹두밭은 농민군을 의미하며, 이와 반대되는 파랑새는 푸른색의 군복을 입은 관군과 일본군을 상징한다. 그럼 녹두밭(농민군)에서 두드러지는 녹두꽃은 전봉준 장군이며, 울고 가는 청포장수는 백성들을 의미한다는 것도 알 수 있겠다. 가난한 사람들을 구원한 녹두처럼 전봉준의 존재도 외세에 지친 백성들에게 살아갈 힘이 아니었을까.

개장국의 진화,
육개장

얼큰하면서도 구수한 풍미가 중독성 있는 육개장은 1896년 요리책 《규곤요람》에도 언급될 정도로 오래된 우리 민족의 전통 음식이다. 고대 한국은 원래 채식국가였다. 부족한 단백질과 지방은 한반도에 풍부했던 콩과 해산물로 대신했다. 산이 국토의 70% 이상인 산악국가라 목축보다 는 수렵이 발달했지만 육식문화가 보편적이지는 못했다.

13세기 고려를 침공한 몽골의 영향에서 목축도 진행되었지만 불교의 영향으로 살생을 금하다 보니 육식문화가 그리 크게 발달하지는 못했다. 그나마 소는 농경을 위해 길렀으나 식용을 위한 돼지는 농가에서도 기 르지 않았던 것이다.

한민족의 대표음식인 국은 몽골 문화가 들어온 후에야 채소를 넣은 것에서 고깃국으로 변화했다. 몽골은 기후 때문에 국물 음식이 유독 발달한 편이다. 몽골 국물의 특징은 고기와 뼈를 넣고 푹 삶는 것이다. 한반도의 대표적인 고깃국인 곰탕과 설렁탕을 먹기 시작한 정확한 시기는 알 수 없지만, 고려 전반기에는 없었던 조리방식이 등장한 것으로 미루어 볼 때 몽골로부터 전달받은 요리법일 가능성이 크다.

조선시대에는 농사를 짓는 것이 최우선이었기에 유용한 동물인 소의 도축을 금하는 우금정책이 시행되었다. 그무렵 돼지고기는 불교의 영향으로 그다지 즐겨 먹지 않았고, 사육이 흔하지 않아 고기를 맛볼 기회도 드물었다. 거래가 활발하지 않다 보니 돼지고기는 소고기보다 비쌌는데 이러한 이유도 돼지고기를 꺼리는데 일조했다. 심지어 돼지고기는 건강에 해롭고 질병을 유발한다는 부정적인 인식도 있었다.

조선시대 여성 실학자인 빙허각 이씨가 쓴 생활경제 백과사전인《규합총서》에는 돼지고기에 대해 야박한 평가를 내리고 있다. "돼지고기는 본디 힘줄이 없으니 차고 풍병風病을 일으키며 회충이 해를 끼치니, 풍병 있는 사람과 어린아이는 많이 먹으면 안 된다. 쇠고기와 같이 먹으면 뱃속에 벌레가 생기고, 생강과 같이 만드는 것은 삼가야 하며, 붕어, 양의 간 등과는 같이 먹지 말라."[3]

조선의 모든 것을 담은 탕

이런 연유로 민가에서는 잔칫날이나 아픈 사람이 있으면 개를 잡아

국을 끊이는 풍습인 일명 개장狗醬이 있었다. 특히 선조들은 삼복 때 보양음식으로 개장을 즐겼는데 이때 개고기의 냄새를 없애기 위해 맵고 진한 양념과 함께 대파, 숙주, 고사리 등을 같이 넣고 끊였다.

개고기가 없거나 먹지 못하는 사람을 위해 대신 병들거나 늙은 소를 공동으로 잡아 개장 방식으로 국을 끊인 것이다. 육개장은 소고기가 들어간 개장이라는 뜻으로 소고기를 결에 따라 손으로 찢어 탕에 넣은 모양새까지 개장과 똑같다.

영화 〈식객〉에서는 조선의 마지막 왕 순종이 나라 잃은 슬픔으로 식음을 전폐하는 모습이 나온다. 궁중 요리사인 대령숙수는 육개장을 올리며 이렇게 말한다. "이 탕에는 조선의 모든 것이 담겨져 있습니다. 평생 묵묵히 밭을 가는 소는 조선의 민초요, 고추기름에는 맵고 강한 조선인의 기세가, 어떤 병충에도 이겨내는 토란대에는 외세의 시련에도 굴하지 않아야 할 이유가, 고사리에는 들풀처럼 번지는 생명력이 담겨 있습니다.”
나라를 잃고 상심한 임금에게 이보다 더 절실한 위로는 없을 것이다.

현대에 와서 육개장은 장례식장에서 주로 먹는 음식이라는 인식이 생겼다. 이는 육개장의 붉은 국물색이 잡귀들이 달라붙는 걸 막기 위함이라는 설이 있다. 아울러 이틀에 걸쳐 찾아오는 조문객들을 위해 대접할 음식을 선택할 때 고춧가루와 소금이 많이 들어가 쉽게 상하지 않는 육개장을 주로 사용하게 되었다는 설도 있다.

헛헛한 마음을 든든하게 달래주는 육개장은 역시나 큰 솥에 끓여 많은 사람과 나눠 먹어야 제맛이다. 사는 게 힘들 때, 내 곁의 소중한 사람들과 육개장으로 따뜻한 위로를 나누는 것은 어떨까?

주석

I 선사시대 : **인류를 살린 먹거리 이야기**

1 최성우, '호모 사피엔스가 살아남은 비결', 〈사이언스 타임스〉, 2019. 11. 29.

2 찰스 B. 헤이저 2세 지음, 《문명의 씨앗, 음식의 역사》, 장동혁 옮김, 가람기획, 2000

3 홍익희, 《문명으로 읽는 종교이야기》, 행성B, 2019

4 곰브리치, 《곰브리치 세계사》, 이내금 옮김, 자작나무, 1997

5 이정모, '절대 바늘' 발명 덕에 지금까지 생존한 호모 사피엔스, 〈중앙선데이〉, 2014. 12. 7, EBS 다큐멘터리 〈인류의 탄생 3편 - 호모사피엔스와 네안데르탈인〉

6 홍익희, '한반도에서 이루어진 세계 최초의 쌀농사', 〈조선펍〉, 2015. 11. 12.

7 이홍규, 《한국인의 기원》, 우리역사연구재단, 2010

8 라인하르트 쉬메켈, 《인도유럽인, 세상을 바꾼 쿠르간유목민》, 김재명 외5인 옮김, 푸른역사, 2013

9 홍익희, 《문명으로 읽는 종교이야기》, 행성B, 2019

10 홍익희, '한민족은 고대 동남아 바다를 누빈 유일한 해상세력이었다', 〈조선펍〉, 2015. 10. 11.

11 이현우, 조선의 개항을 불러일으킨 게 '모비딕' 돌풍 탓?, 〈아시아경제〉, 2017. 02. 17.

II 고대 : **문화를 만든 식재료 이야기**

1 권은중, 《음식 경제사》, 인물과 사상사, 2019

2 홍익희, 《세상을 바꾼 다섯 가지 상품이야기》, 행성B, 2015

3   미나가키 히데히로, 《세계사를 바꾼 13가지 식물》, 서수지 옮김, 사람과 나무사이, 2019

4   권은중, 《음식 경제사》, 인물과 사상사, 2019

III 중세 : 역사를 바꾼 음식 이야기

1   홍익희, 《세상을 바꾼 다섯 가지 상품이야기》, 행성B, 2015

IV 근대 : 경제 발전을 이끈 음식 이야기

1   홍익희, 《세상을 바꾼 다섯 가지 상품이야기》, 행성B, 2015

2   미나가키 히데히로, 《세계사를 바꾼 13가지 식물》, 서수지 옮김, 사람과 나무사이, 2019

V 현대 : 우리 삶 속 음식 이야기

1   홍익희, 《세상을 바꾼 음식이야기》, 세종서적, 2017

2   김용만, '한국의 생활사: 우리 역사 속 돼지', 네이버캐스트

단짠단짠 세계사

초판 1쇄 발행 2022년 7월 30일
　　　 2쇄 발행 2023년 6월 10일

지은이 홍익희
펴낸이 오세인 ｜ **펴낸곳** 세종서적(주)

주간 정소연 ｜ **편집** 이승민
표지 디자인 어나더페이퍼 ｜ **본문 디자인** 김미령
마케팅 임종호 ｜ **경영지원** 홍성우
인쇄 탑프린팅 ｜ **종이** 화인페이퍼

출판등록　1992년 3월 4일 제4-172호
주소　　　서울시 광진구 천호대로132길 15, 세종 SMS 빌딩 3층
전화　　　경영지원 (02)775-7011, 마케팅 (02) 775-7012
팩스　　　(02)319-9014
홈페이지　www.sejongbooks.co.kr
네이버 포스트　post.naver.com/sejongbooks
페이스북　www.facebook.com/sejongbooks
원고모집　sejong.edit@gmail.com

ISBN 978-89-8407-988-5　03900